A MULHER QUE VOCÊ NASCEU PARA SER

CARO LEITOR,
Queremos saber sua opinião sobre nossos livros.
Após a leitura, siga-nos no **linkedin.com/company/editora-gente**,
no TikTok **@editoragente** e no Instagram **@editoragente**
e visite-nos no site **www.editoragente.com.br**.
Cadastre-se e contribua com sugestões,
críticas ou elogios.

Nicole Freya

A MULHER QUE VOCÊ NASCEU PARA SER

Sua vida nunca mais será a mesma após descobrir o seu propósito

Gente editora

Diretora
Rosely Boschini

Gerente Editorial
Joyce Moysés

Editora
Juliana Fortunato

Assistente Editorial
Camila Gabarrão

Produção Gráfica
Leandro Kulaif

Preparação
Gleice Couto
Debora Capella

Capa
Vanessa Marine

Projeto gráfico
Marcia Matos
Studio Mandragora

Diagramação
Studio Mandragora

Revisão
Marina Montrezol

Impressão
Loyola

R. Dep. Lacerda Franco, 300 - Pinheiros
São Paulo, SP - CEP 05418-000
Telefone: (11) 3670-2500
Site: www.editoragente.com.br
E-mail: gente@editoragente.com.br

DADOS INTERNACIONAIS DE CATALOGAÇÃO NA PUBLICAÇÃO (CIP)
Angélica Ilacqua CRB-8/7057

Freya, Nicole
A mulher que você nasceu para ser / Nicole Freya. - São Paulo : Editora Gente, 2025.
160 p.

ISBN 978-65-5544-639-5

1. Desenvolvimento pessoal 2. Mulheres – Desenvolvimento pessoal I. Título

25-3080 CDD 158.1

Índice para catálogo sistemático:
1. Desenvolvimento pessoal

NOTA DA PUBLISHER

Conciliar múltiplos papéis é um dos maiores desafios da mulher contemporânea. Como CEO, empreendedora, mãe, esposa e irmã — e também como a primeira mulher a presidir a Câmara Brasileira do Livro — eu sei o que é viver tentando equilibrar tudo o tempo todo. Por isso, quando li este livro pela primeira vez, reconheci algo precioso: uma voz verdadeira que convida a mulher a voltar para si mesma, sem culpa, sem pressa e sem a necessidade de se provar o tempo todo.

Vivemos tempos em que muitas mulheres, apesar de aparentemente bem-sucedidas, carregam um cansaço profundo. Cansaço de corresponder a expectativas que nem sabem mais de onde vieram. Cansaço de tentar ser forte o tempo todo. Cansaço de viver no piloto automático, buscando uma liberdade que não preenche, seguindo padrões que não acolhem. Existe uma distância entre o que nos prometeram como realização e aquilo que, de fato, nos faz felizes. E é justamente esse espaço, entre o que fomos levadas a crer e o que verdadeiramente somos, que Nicole ilumina com tanta honestidade neste livro.

Nicole traduz, com firmeza e leveza, temas profundos em que muitas mulheres evitam tocar. Ela não fala de um lugar idealizado, mas de alguém que viveu todas essas questões na pele, enfrentou os próprios excessos, quebrou paradigmas e reconstruiu a própria identidade com base em algo muito mais real.

Este livro tem uma missão clara: libertar mulheres da obrigação de fazer uma performance de vida perfeita para que possam, finalmente, viver uma vida verdadeira. Você vai sair destas páginas com uma nova percepção de si mesma, do mundo, das relações, da sua história e do que realmente importa daqui para a frente. Vai aprender a diferenciar prazer de felicidade, fazer as pazes com a sua origem, colocar ordem na sua vida e, sobretudo, assumir o compromisso de se tornar a mulher que realmente quer ser. E o melhor: vai perceber que isso está completamente ao seu alcance.

Convido você a começar essa transformação com a coragem que só as escolhas conscientes nos proporcionam.

Rosely Boschini
CEO e Publisher da Editora Gente

Você nasceu mulher.

Em um corpo de mulher.

Sabe qual é o seu maior propósito?

Ser uma boa mulher.

Sabe qual é a coisa certa para

a sua vida? Ser uma boa mulher.

Sabe o que você nasceu para ser?

Uma boa mulher.

Esse é o seu primeiro e maior dom.

Esse é o seu primeiro e maior

propósito.

DEDICATÓRIA

Para todas as mulheres que estão cansadas de trilhar o caminho errado e decidiram, finalmente, seguir a verdadeira essência, sendo femininas e felizes.

AGRADECIMENTOS

A Deus,

por ter plantado no meu coração uma vontade gigante de ajudar outras mulheres a manifestar a vida que elas sonham viver e, com isso, encher a minha vida de propósito.

Aos meus pais,

que me ensinaram, com sacrifícios silenciosos e amor inabalável, o valor da integridade, da coragem e do trabalho honesto.

Ao meu amor,

por apoiar os meus sonhos e me apresentar às pessoas certas, tornando este livro realidade. Com você ao meu lado, até os sonhos mais ousados parecem possíveis.

À minha filha,

alegria da minha vida. Que todos estes ensinamentos sirvam como atalhos, para que a sua jornada seja mais doce, mais leve e cheia de sentido.

Ao meu sócio, que me ajudou desde o início a fazer a mensagem deste livro, e de tudo o que construímos, chegar a milhares de mulheres em todo o mundo. A sua dedicação e parceria tornaram possível transformar ideias em movimento, e movimento em alcance.

E a toda a minha equipe.

Obrigada por me ajudarem a servir com excelência e verdade. Vocês tornam possível aquilo que, sozinha, eu jamais conseguiria realizar.

SUMÁRIO

PREFÁCIO

Ao longo da minha vida, conheci muitas mulheres guerreiras.

Elas têm aquela energia diferente, um tipo específico de força que a gente vê pela postura, pela atitude, pelo olhar. Todas elas trabalham muito. Parecem estar em busca de algo. Sempre prontas para provar ao mundo a enorme capacidade que carregam.

Faz mais ou menos oito anos que eu conheci uma, que provavelmente seria o tipo que passaria reto por este livro. Ela estava ocupada demais para esse tipo de leitura.

Eu costumava sair de casa para correr às 5 da manhã... e ela estava lá. Mais ou menos na mesma hora que eu chegava ao meu local de corrida, ela estava chegando, de carro, a um lugar que parecia um escritório ou sala comercial. Não importava se fazia sol ou chuva. Não importava se estava frio ou calor. Todos os dias, 5 e pouco da manhã, ela estava chegando ao trabalho.

Mulher forte. Mulher guerreira. Eu não sabia nada sobre ela, mas sabia que tinha fibra.

Um dia, por alguma sorte que eu não sei explicar qual, o algoritmo de uma rede social me entregou um vídeo daquela cena que eu via todos os dias. Era ela. Estava gravando de dentro do carro, dirigindo, em um dia de inverno, enquanto chegava àquela sala comercial.

No vídeo, ela mostrava a dificuldade de dirigir antes de o sol nascer em um dia de frio aqui no sul do Brasil. O tempo é superúmido, o vidro fica embaçado e quase não se enxerga nada. Era mais uma prova de que ela era forte, guerreira. Não importa quais fossem as condições, ela lutava, passava por cima dos obstáculos e atingia os objetivos que definia.

Eu comecei a seguir o perfil dela. Em partes por admirar essa força, em partes por achar interessante acompanhar um pouco a vida de uma vizinha. Mas a maior parte foi porque vi naquela mulher uma vontade genuína de ajudar as pessoas ao redor.

Em cada frase, em cada vídeo ou foto, em cada texto que ela postava, sempre tinha, em alguma parte, um esforço em levar algo positivo para quem quer que fosse impactado por aquilo.

Essa mulher era a Nicole, autora deste livro, que naquela época ostentava exatamente essa imagem. Ela falava com orgulho da agenda lotada e do peso que carregava por causa dos dias de trabalho que começavam às 5 e pouco da manhã e só terminavam depois das 8 da noite.

Mas não era só isso. Ela mostrava uma rotina pesada de leituras, uma jornada intensa de esforço para o próprio desenvolvimento. Era uma busca quase doentia por melhorar a si mesma. E foi isso que nos conectou.

Alguns anos depois, quando conheci a Nicole pessoalmente, ela continuava tocando a vida assim. Foram alguns anos de muito trabalho duro, noites mal-dormidas, frustrações e muito estresse. Ela devia estar com uns 10 quilos a mais. Cabelo todo bagunçado. Não tinha mais aquela mesma postura enérgica. Estava indiferente. Parecia um pouco perdida. Não parecia ter orgulho do que estava vivendo. E a conversa dela era diferente.

Ela não aguentava mais. Estava muito perto de um rompimento real. Talvez sentindo na pele os efeitos de um burnout suprimido pela armadura de guerreira. A verdade é que eu não sei exatamente pelo que ela estava passando, mas claramente ela tinha dado tudo de si e não tinha encontrado o que estava buscando.

Mesmo trabalhando tão duro, a guerreira não tinha todo o dinheiro que gostaria e estava perdida. Mesmo se posicionando tanto, a força dela não tinha sido capaz de conquistar a vida que ela sonhava. Ela estava sozinha. Incomodada. Insatisfeita. Sem saber exatamente o que fazer. Era nítido que a vida não estava sendo boa para ela. Ela queria mais e buscava mais.

Não demorou para começarmos a trabalhar juntos nos novos projetos dela. Eu na condição de operador de marketing e tecnologia, ela na condição de professora. Ela sempre teve um talento incrível para isso.

Em pouco tempo, usamos toda aquela jornada de "mulher guerreira em busca de crescimento" para criar vários cursos... e deu certo. O negócio começou a prosperar. Eu vi aquela mulher ganhando ainda mais poder.

Ela não tinha mais apenas a própria força e o esforço. Ela tinha também os recursos para colocar em prática tudo o que queria. E esse foi o grande divisor de águas para ela.

Antes, a Nicole tinha muitas ideias do que era certo e errado, tinha um orgulho danado de tudo o que era capaz de fazer e perseguia um ideal financeiro que acreditava que a colocaria em igualdade de condições com os homens que ela via por aí. Mas a realidade mostrou algo diferente. Ela tinha poder. Tinha postura. Mas continuava sozinha. E isso despertava o pior dela.

Toda mulher que conheci até hoje quer uma vida amorosa feliz, e a Nicole não era diferente. Esse assunto era tema de profundo estudo e dedicação para ela, mas, por alguma razão, todas as ações dela levavam a um resultado oposto ao que ela buscava. Quanto mais ela se esforçava, mais ela se ferrava.

Um dia ela me contou que estava estudando feminilidade, e dali para frente a Nicole nunca mais foi a mesma. Não foi como se ela estivesse mudando ou se transformando aos poucos. Não, nada disso. Foi como se ela estivesse renascendo.

Aquela guerreira orgulhosa, descabelada e acima do peso se transformou em uma nova mulher. Foi rápido. Passamos alguns meses sem nos encontrar pessoalmente, e, quando ela voltou, era outra mulher. Muito mais viva. Muito mais alegre. Muito mais feliz. Confiante do caminho que estava trilhando. Ela não tinha mais aquela postura agressiva, até o vocabulário tinha mudado.

Carregava uma aura mais doce. Mais leve. Estava bem-vestida. Mais magra, mais elegante. Era uma nova presença, que inspirava qualquer pessoa a ser um pouco melhor. Não era mais o tipo de mulher que eu chamaria para lutar uma guerra comigo, porque tinha se tornado o tipo de mulher pela qual uma legião de soldados lutaria em uma guerra.

A tal da feminilidade estava operando verdadeiros milagres na vida da Nicole, e a única coisa que ela me disse foi que queria que outras mulheres pudessem "sentir" a mesma coisa.

Eu não estava sentindo coisa nenhuma. Eu estava vendo os resultados. E tive uma certeza: o mundo seria um lugar bem melhor se todas as mulheres carregassem um pouco daquilo, então foi por isso que assumi com ela a missão de levar esse conteúdo para o mundo.

Dali em diante, falei com a Nicole todos os dias. Vi se tornar uma referência para uma geração inteira de mulheres, uma esposa dedicada, uma mãe amorosa. Eu estava lá, por trás das engrenagens, fazendo as perguntas e os movimentos necessários para extrair da mente e do coração da Nicole a sabedoria que se transformou em conteúdos, ideias, cursos, métodos. E o que eu vi foi muito além da "influencer Nicole".

Eu a vi se tornar o tipo de ser humano de que o mundo precisa: uma pessoa que está a cada dia mais perto de cumprir a vontade do Criador e que está disposta a ajudar outras pessoas a entrarem no mesmo caminho.

Pode até não parecer, mas o livro que você está prestes a ler trata disso. Trata de se tornar a melhor pessoa que você tem a possibilidade de se tornar, com a realidade que lhe foi imposta ao nascer. E o que poderia ser mais honrado, importante e necessário do que isso?

Se você tem qualquer problema com os seus pais, com a sua família, com o lugar em que você nasceu ou cresceu, manchas no seu passado ou medo do futuro... ótimo. Você chegou até este livro, e agora tem aqui a ferramenta de que precisa para compreender tudo isso e construir uma nova história, conectada com o que realmente importa, que é a vontade d'Aquele que criou você.

Leia cada palavra com atenção, porque não importa quem você é hoje ou o que você se tornou com a vida que teve até aqui; o que você vai encontrar neste livro é um guia para uma vida leve, próspera e feliz como mulher.

Como homem, posso afirmar algo simples e verdadeiro: as mulheres movem o mundo, não pela força, mas pela influência e pela inspiração.

Este livro vai levar você a se tornar o tipo de mulher capaz de influenciar e inspirar todo o mundo ao seu redor. É o que você precisa para encontrar o seu lugar no mundo, onde você será amada, valorizada e respeitada por quem realmente é. Sem máscaras, sem frases prontas, sem viver um personagem.

A mulher que você nasceu para ser está provavelmente escondida atrás de um monte de convicções que destroem a sua autoestima, impedem você de viver a sua essência e oferecer o seu melhor ao mundo. Tudo isso pode acabar aqui. O que você vai encontrar nas próximas páginas não é uma pequena mudança nem um apanhado de dicas, é um renascimento.

Na sua nova vida, você não vai mais viver ansiosa, correndo e lutando para encontrar no mundo exterior qualquer coisa que tape esse buraco que você abriu quando abandonou a sua essência. A sua nova vida é cheia daquela sensação de estar no lugar certo, fazendo a coisa certa. A sua nova vida tem muito mais beleza, possibilidade e felicidade do que você viveu até aqui.

André Beretta
Cofundador da Academia Freya

INTRODUÇÃO

Não sei como você chegou até aqui. Não sei se você me conheceu há pouco tempo, se já foi minha aluna em algum curso, se leu algum livro ou viu qualquer conteúdo meu. Mas tenho certeza de que está buscando se tornar a sua melhor versão. E não somente isso. Sei que quer viver uma felicidade verdadeira. Aquela que talvez você ainda nem saiba como ou onde encontrar.

Então, desde já, gostaria de parabenizá-la. O primeiro passo aqui é reconhecer que você já está no caminho, sabe? Esse reconhecimento é muito importante, é como se você pudesse dar a si mesma os parabéns pelas boas escolhas que fará a partir de agora.

Hoje, quando reflito sobre os meus últimos dez anos, consigo ter a certeza de que, independentemente da sua idade, você está, sim, buscando repensar algo na sua vida. E a resposta está nas páginas deste livro.

O início da jornada

Existem mulheres lindas que têm sucesso financeiro, mas nunca conseguiram ter um bom relacionamento afetivo. Também há aquelas que até têm um relacionamento bom, mas não conseguiram prosperar financeiramente e vivem com a autoestima baixa, inseguras por não terem a aparência que desejam. Ainda, há aquelas que têm muito dinheiro e um relacionamento tranquilo, mas sofrem por não conseguir se organizar e ter um tempo mínimo para cuidar de si mesmas.

Esses cenários mostram sinais muito claros de desordem. Quando a vida está bagunçada e as coisas não se encontram no lugar correto, inevitavelmente isso se reflete no todo. Se tem a vida desordenada, mesmo uma mulher bonita por fora não consegue ser feliz; afinal, alguma área sempre fica muito ruim. Uma vida desordenada, bagunçada e voltada para hábitos destrutivos gera resultados negativos que impactam o restante. Você pode até pensar que não, mas todo mundo nota.

É por isso que o meu foco aqui é ajudar você a colocar ordem na sua vida, a arrumar a casa. Usarei a palavra "casa" como uma metáfora para a sua vida interna, o seu mundo interior, a sua vida pessoal. Começaremos colocando tudo em ordem, arrumando a sua vida interior, para que essa ordem se reflita no mundo exterior.

Para mudar de vida, você precisará aprender a tomar as decisões corretas, aquelas que a levarão à vida com a qual sempre sonhou.

Eu já estive no seu lugar

Em 2018, saí da casa dos meus pais determinada a construir a minha vida dos sonhos. Eu queria trabalhar em casa, no escritório que eu mesma montei, com a decoração de que eu gosto, fazendo a minha própria agenda e tendo tempo livre para cuidar bem de mim e da família que eu desejava construir. E, é claro, também queria que fosse um negócio lucrativo, para poder desfrutar das melhores coisas da vida: fazer boas viagens, comprar looks novos, investir em conhecimento e criar momentos especiais com as pessoas que amo.

Em determinado sentido, até deu certo. Fiz as minhas primeiras vendas na internet, consegui me inserir no mercado e prosperar. Em 2019, quando considerei essa parte da minha vida resolvida, eu quis me abrir para um relacionamento.

Fui a alguns encontros, mas tudo parecia desacertado. Os homens que me chamavam para sair eram tão sem futuro, tão sem iniciativa, tão indignos de admiração, que aquilo me causou revolta... Algo deveria estar muito errado no mundo. Você já passou por isso? Já teve a sensação de que nenhum homem é bom o suficiente para se relacionar com você?

Eu era tão imatura que achava que o que estava errado era o mundo, eram os homens, e não a maneira como eu estava conduzindo a minha própria vida! Naquela época, mesmo tendo toda a cartilha feminista decorada, nunca consegui tirar do meu coração o real desejo de pertencer a um homem admirável. Acredito que, no fundo, toda mulher quer isso – ainda que tente, a todo custo, esconder.

Foi nessa busca por ter um homem mais forte ao meu lado que tropecei no tema que transformou completamente a minha biografia e se tornou o centro da minha história: a feminilidade.

Confesso que, inicialmente, essa história de feminilidade me parecia só uma tentativa da sociedade de moldar o comportamento das mulheres, mas, por via das dúvidas, resolvi testar. Do meu jeito não estava dando certo mesmo, então o que eu perderia? Afinal, quando um conhecimento é verdadeiro, a realidade sempre confirma. A cada nova coisa que ia testando, eu me surpreendia mais e mais. Funcionava. Meu Deus. Funcionava!

Fui me dando conta de que os únicos casais que eu admirava e sabia que realmente davam certo eram os que naturalmente tinham papéis bem-definidos. O homem era a fortaleza; a mulher, a graça. Foi quando me vi diante de uma escolha: negar aquilo que eu tinha visto e continuar acreditando em tudo em que acreditava até então, mas sabendo que daquele jeito eu jamais seria feliz no amor; ou mudar completamente e me tornar uma mulher digna do homem que eu desejava atrair.

Quando digo que eu precisaria mudar completamente, é literal! Naquela época, se medíssemos o meu índice de feminilidade, com certeza seria -200. Eu falava como um homem, andava como um homem, tinha os valores de um homem. Não ligava para beleza, não tinha absolutamente nenhuma habilidade para cuidar dos outros. Eu só sabia ganhar dinheiro. E adivinhe só: um homem masculino não vê valor no fato de uma mulher saber apenas ganhar dinheiro.

Tive que me reinventar dos pés à cabeça. No entanto, fiz isso não para me encaixar no que a sociedade espera de uma mulher, muito pelo contrário. O que a sociedade espera da mulher hoje era exatamente o que eu havia me tornado. Hoje vejo, de modo nítido, que naquela época eu era um produto, uma consequência direta da sociedade atual. Eu era uma empoderada perdida, e talvez neste momento você também seja uma.

Ser feminina, ser o que Deus me criou para ser quando me fez em um corpo de mulher. Essa, sim, era a novidade, a verdadeira autenticidade, e não o que ouvi ao longo dos anos na mídia, nas redes sociais e nos péssimos exemplos de pessoas famosas e artistas.

A escolha do caminho a seguir

Engana-se muito quem pensa que se tornar uma mulher mais feminina é só uma questão de melhorar a pele, o corpo e o cabelo. Eu precisei viver uma transformação de dentro para fora para ser o que sou hoje e ter tudo o que tenho atualmente. É claro que a aparência tem um lugar de importância, mas antes é preciso arrumar a casa. Se você não mudar o seu interior, as suas crenças, os seus valores, minha amiga, você está perdida. Afirmo com toda certeza que, se isso não acontecer, não haverá milagre no mundo capaz de tirá-la do buraco em que você vai sempre dar um jeito de estar.

Existem dois caminhos que definem aonde você vai chegar nos próximos anos. Um a leva aos prazeres momentâneos. O outro a leva à verdadeira felicidade. Vamos abordar essa diferença em detalhes, afinal este livro não se parece com nada do que você já viu por aí. Esta é uma ferramenta para você mudar completamente de vida e iniciar uma nova história: a história da mulher que você deseja ser, e não da mulher que já foi um dia ou é agora.

Este livro foi escrito de maneira que, durante a leitura, você viva uma transformação impressionante e se torne realmente uma mulher mais feminina. Se depois alguém disser que você está vivendo a sua feminilidade, isso vai significar que você está visivelmente mais atraente, mais madura, mais confiante, mais espiritualizada, mais feliz e muito mais próxima da sua melhor versão.

A transformação que notarão em você será o resultado das mudanças que você realizará conscientemente, e isso afetará todas as áreas da sua vida, pois mudará o seu comportamento e a sua aparência, além de ser um reflexo do crescimento interno e da maturidade emocional que você conquistará.

Ao longo dos capítulos, você encontrará dentro de si a força necessária para buscar a verdadeira felicidade. Essa força de caráter é o que você deve a si, e ela nasce do compromisso consigo mesma. Nas próximas páginas, vamos desenhar a mulher que você quer ser. E isso vai depender exclusivamente da sua capacidade e da sua dedicação. Não é algo que eu ou qualquer outra pessoa possa fazer por você. Depende da sua capacidade de cumprir o que prometer a si mesma. Eu vou apresentar o passo a passo necessário, mas você será a responsável por executar cada detalhe.

O meu mais sincero desejo é que, com este livro, você coloque a sua vida em ordem, se conecte com a sua essência feminina e colha os frutos doces de uma vida em paz com Deus. Que este livro plante em você as mesmas sementes que me fizeram florescer.

Boa leitura!

CAPÍTULO 1

COMO A AUTOPERCEPÇÃO IMPACTA A VIDA PESSOAL E OS RELACIONAMENTOS

Existe uma parte da nossa mente que é condicionada; ou seja, que age sempre no modo automático, com padrões e conceitos adquiridos ao longo da vida, mesmo sem querer. Talvez você nunca tenha se perguntado, mas sabe qual é a melhor maneira de condicionar a mente de qualquer pessoa para que ela aja de determinada maneira ou acredite em algo? Pela repetição!

A neurociência explica isso por meio do conceito de neuroplasticidade. Toda vez que repetimos um comportamento ou pensamento, fortalecemos as conexões entre determinados neurônios. Com o tempo, essas conexões se tornam tão fortes que o cérebro passa a seguir esse caminho automaticamente, como se fosse um atalho mental.

Se uma mentira é repetida milhares de vezes, especialmente por figuras de autoridade ou pessoas que você ama, é natural que em algum momento você passe a crer naquilo, sem questionar. É por isso que movimentos sociais são usados como uma arma de manipulação contra as pessoas.

Quem entende como a mente funciona sabe que repetir uma ideia com força emocional é suficiente para que muita gente acredite sem nem perceber. Quando essas ideias são embaladas em discursos que parecem lutar por justiça, é ainda mais difícil questionar. Assim, causas reais viram instrumentos de controle, e quem perde, no fim, é o indivíduo, que nem percebe que foi programado a pensar o que pensa.

A identidade foi apagada

Precisamos ter clareza de que a coisa mais importante que um ser humano tem é a própria identidade. Quando a pessoa sabe quem ela é, de onde veio, qual é real função dela, não aceita que outras pessoas ditem como ela deve agir, no que deve acreditar ou como deve pensar a respeito das coisas. Porém, quando uma sociedade inteira tem a identidade destruída, ela é facilmente manipulada para fins políticos, econômicos ou qualquer que seja a intenção daqueles que têm o controle da comunicação. Isso porque a destruição da identidade acontece de forma lenta e quase imperceptível. Começa quando valores fundamentais são relativizados, papéis são distorcidos e tudo o que antes dava segurança passa a ser tratado como ultrapassado ou motivo de vergonha.

Hoje, muitas mulheres têm vergonha de desejar um lar acolhedor, sonhar em serem mães presentes, cuidar da casa com carinho, admirar o marido ou valorizar gestos de gentileza masculina. Sentem-se ridículas por gostarem de se arrumar, cozinharem para quem amam ou priorizarem a família, como se tudo isso, que por séculos foi fonte de força e identidade feminina, agora fosse sinal de fraqueza ou atraso.

Quando as pessoas deixam de saber quem são, perdem o senso de direção, de pertencimento e de propósito. E é nesse vazio que ideias externas se instalam, não como sugestões, mas como verdades absolutas que moldam comportamentos em massa.

A grande verdade é que a destruição da identidade do homem e da mulher vem acontecendo há décadas, não é algo atual. Quando um homem e uma mulher perdem a identidade, eles se desconectam da própria função, e isso destrói a unidade mais forte que existe no mundo: a família. A destruição da identidade da mulher tem como alvo principal a família, porque essa é a razão pela qual homens e mulheres lutam todos os dias, desde que o mundo é mundo.

Reflita comigo sobre o mundo de hoje. Um homem com uma vida voltada para si mesmo só precisa de um pouco de conforto e do suficiente para sobreviver, trabalhar e servir docilmente aos interesses de qualquer outra pessoa. Já uma mulher com uma vida voltada para si mesma requer apenas um pouco de conforto e segurança para trabalhar e servir a interesses que ela nem sabe quais são. Porém, um homem e uma mulher responsáveis pela formação e pela proteção de uma unidade familiar lutam contra toda e qualquer força que ameace a liberdade e a perpetuidade daquilo que estão construindo.

Consegue perceber por que a luta contra a constituição da família começa quando há interesse na destruição da identidade do homem e da mulher? E se a preservação da família começasse justamente pelo resgate da verdadeira identidade feminina?

A mulher feminina: o caminho para a sua melhor versão e a sua realização pessoal

Talvez agora você esteja pensando: "Nic, mas eu já sou feminina". Eu acredito. Realmente acredito que você faz o melhor que pode e busca todos os dias ser a sua melhor versão. Mas, se formos analisar essa questão sem qualquer viés ou preconcepção, vamos entender o seguinte: a sua melhor versão, como mulher adulta, é efetivamente a sua versão mais feminina.

Nesse sentido, se você me diz que "já é feminina", a sua percepção é de que não há mais nada para melhorar em si mesma. O que eu quero que você compreenda é que dizer isso a faz, mesmo que inconscientemente, limitar a sua própria vida, estagnar o seu crescimento pessoal e, por consequência, garantir que não vai atingir um próximo nível de felicidade, beleza e prosperidade.

Se você sabe que pode se tornar mais bonita, também sabe que pode ser mais feminina. Se você entende que pode melhorar os seus relacionamentos, também entende que pode ser mais feminina. Se você é consciente de que ainda pode receber muito mais riqueza na vida, também tem a consciência de que pode ser mais feminina.

Então, qual é o problema? Por que você ainda não atingiu a sua melhor versão? Por que você ainda não está com a vida tão boa quanto gostaria? Por que você ainda sofre nos seus relacionamentos e na sua vida financeira? Talvez a resposta esteja no jeito como você tem vivido, carregando mais batalhas do que precisaria.

Com tudo isso em mente, como você acredita que uma guerreira se comporta? Como se estivesse em uma constante guerra, por isso a vida se torna uma luta. Uma guerreira acredita que precisa dar conta de tudo sozinha. Não porque quer, mas porque foi isso que a vida exigiu dela. Ela aprendeu a se virar, a não depender de ninguém, a resolver tudo, mesmo que em silêncio, mesmo que sofrendo. Só que por isso faz tudo com desgosto. O trabalho pesa, cuidar dos filhos pesa, fazer um agrado para o marido parece injusto, como se ninguém olhasse para o que ela precisa. Tudo virou obrigação, tudo é tensão, tudo é urgente. E, no fundo, ela nem sabe mais o que sente, só sabe que está cansada.

Quais são os resultados disso? A vida, os relacionamentos, a casa... tudo parece um grande campo de batalha. Portanto, não é de se estranhar que mulheres que vivam como guerreiras tenham uma vida cheia de conflitos, com vários imprevistos, pouca beleza e pouco espaço para o amor. Compreende? Tudo isso acontece porque em uma guerra, todo mundo sabe, não existe espaço para uma mulher.

Por outro lado, se você coloca no seu inconsciente que é uma mulher feminina e se identifica com isso, no que você passa a acreditar? Como passa a ser o seu comportamento? E quais se tornam os seus resultados?

Uma mulher que se sente feminina sabe colocar limites, sabe descansar, sabe esperar. Ela não precisa se provar, porque pode fazer escolhas mais suaves, e isso se reflete no modo como ela se veste, no tom de voz com que fala, na maneira como conduz um conflito com o marido ou com os filhos. Uma mulher feminina não vive mais como quem precisa lutar, e sim como quem pode cultivar.

Consegue entender aonde quero chegar? Até aqui, a sua vida foi pautada em uma série de mentiras sobre o que é ser mulher, e acreditar nelas fez você se tornar uma mulher bem menos feminina do que poderia ser.

É claro que é possível que o seu comportamento até aqui, ainda que não feminino, tenha construído uma série de resultados. Mas, se você for realmente honesta consigo mesma, vai perceber que poderia ter ido muito além. Ainda assim, foi dessa maneira que construiu a sua vida profissional até agora. E não apenas ela: a sua vida financeira e os seus relacionamentos amorosos também foram moldados por esse mesmo padrão.

Se até agora você não se via como uma mulher feminina, se ainda não tinha entendido o papel que desempenha no mundo, é muito possível que os seus pretendentes, o seu namorado ou o seu marido também não se percebessem como homens masculinos. Se, até hoje, você se comportou ou pensou de maneira mais masculina, os seus relacionamentos devem ter sido com homens que, de certo modo, tinham uma energia mais feminina. Por isso, tudo que você sabe sobre como se relacionar com homens pode não ser tão útil, pois o mais provável é que nunca tenha se envolvido com um homem verdadeiramente masculino. E essa questão vai além dos relacionamentos, pois toca diretamente o que você busca para a sua vida como um todo.

O que você espera da vida?

Quando perguntamos a uma pessoa o que ela quer da vida, a resposta geralmente é composta de uma infinidade de objetivos: uma profissão específica, uma conquista, certo montante de dinheiro, filhos, família, viagens. Por trás desses objetivos, existe algo em comum entre quase todas: a crença de que, ao alcançarem o que desejam, se tornarão felizes. Sim ou não?

Agora pense em você e nos seus próprios objetivos, nas metas que você quer atingir nas diversas áreas da sua vida. Cada um desses objetivos é uma forma de alcançar aquilo que você acredita ser a felicidade. Porém, aqui começa a maior confusão: muitas pessoas acreditam que a felicidade está no fim de uma jornada e que serão felizes apenas quando obtiverem tudo o que desejam. O problema é que, com esse pensamento, acabam deixando de olhar para o presente e para o equilíbrio entre as diferentes áreas da vida. É por isso que vale refletir: quais têm sido as suas prioridades?

Na prática, isso significa que, se você percebe que a sua vida profissional está indo bem, mas as áreas espiritual e de relacionamentos não estão tão equilibradas, provavelmente tem se omitido ou negligenciado as suas responsabilidades nesses papéis há algum tempo. Não sei qual é a sua situação atual, mas posso afirmar que os resultados que você tem agora são consequências da maneira como tem

Uma mulher feminina não vive mais como quem precisa lutar, e sim como quem pode cultivar.

A mulher que você nasceu para ser

@nicolefreya_

lidado com cada papel, de quanto tem priorizado cada um deles e da energia que tem dedicado a cada área. Se chegou até aqui, provavelmente já percebeu que, para alcançar resultados diferentes, algo precisa mudar.

A culpa que sabota as suas escolhas

Imagine que há anos você não esteja dando a devida atenção à sua vida espiritual. Talvez você tenha passado um período da sua vida sem dar tanta atenção ao papel de futura esposa, vivendo de um jeito que não priorizava um relacionamento saudável para o futuro. Ao pensar nisso, pode surgir um sentimento de culpa que é mais comum do que você imagina. Muitas mulheres sentem essa culpa silenciosa, sem entender exatamente de onde ela vem. Às vezes, ela vem por você não se sentir merecedora, por causa dos erros que cometeu, e acaba influenciando as escolhas que você faz, o que a leva a se envolver com homens que não são bons para você. Sem perceber, você pode estar se sabotando, porque esse peso interno faz parecer que não merece viver um relacionamento saudável e verdadeiramente feliz.

A mesma lógica vale para todas as outras áreas da vida: profissional, mãe, amiga. Tudo isso precisa de atenção. Observe os vazios que você tem deixado na sua vida. Pergunte-se como as suas falhas e omissões têm afetado você. Como a sua dedicação excessiva a algumas áreas tem prejudicado as outras? Esses papéis estão interligados. Existe uma hierarquia clara entre eles.

O vazio entre os papéis da vida

Agora perceba como as suas maiores frustrações e dores estão diretamente ligadas a esses papéis que, frequentemente, você negligencia. Reflita e tente entender onde você tem falhado mais e o que precisa ser ajustado. Considere também ao que você tem dedicado tempo demais e o que tem motivado esse excesso.

Este é o momento de parar e refletir sobre tudo isso. Porém, devo alertá-la: a real proposta deste capítulo não é apenas olhar para os problemas. Talvez você já tenha passado anos procrastinando a resolução de um problema específico, que está bem diante de você e precisa ser resolvido, mas fica esquecido. Pode ser que excessos em determinadas áreas da sua vida estejam acontecendo porque você está fugindo de resolver esse único problema. Com isso, você acaba se enrolando em armadilhas que, mesmo sem perceber, a fazem passar muito tempo sem saber como agir para resolvê-los de uma vez por todas.

Esses problemas vão crescendo, tornando-se mais complexos, mais numerosos e mais dolorosos. Agora é hora de mudar o foco, aprender uma lição valiosa e a levar para a sua vida:

- Quanto mais você se concentrar nos problemas, mais problemas terá.
- Quanto mais você focar as soluções, mais soluções surgirão.

A solução para a maioria dos seus problemas, das suas falhas e omissões está diretamente ligada a uma habilidade ou virtude que você ainda precisa desenvolver. Se você não tem a vida que deseja é porque ainda não sabe algo que precisa saber ou não tem feito o que precisa fazer. Leia essas frase quantas vezes for preciso, até internalizar o que significa.

Enquanto você não se reconectar com a mulher que nasceu para ser, continuará repetindo os mesmos ciclos, só que com mais esforço e menos resultado.

Enquanto você não se reconectar com a mulher que nasceu para ser, continuará repetindo os mesmos ciclos, só que com mais esforço e menos resultado.

A mulher que você nasceu para ser

@nicolefreya_

CAPÍTULO 2

O VERDADEIRO SIGNIFICADO DE SUCESSO E FEMINILIDADE

Como já sabemos, existe aquilo que é realidade e aquilo que você enxerga no mundo, de acordo com as suas crenças, referências, experiências de vida e até mesmo de acordo com os exemplos na sua família em relação a determinados assuntos. Entretanto, a realidade objetiva consiste no que as coisas realmente são, despidas de interesses pessoais, opiniões, máscaras e fatores emocionais.

A ilusão do sucesso

Quando buscamos referências de relacionamento amoroso, quase sempre nos deparamos com recortes, e nunca com a história completa. Isso não acontece apenas com casais midiáticos ou conteúdos claramente performáticos. Mesmo quando você acompanha pessoas verdadeiras, bem-intencionadas e admiravelmente íntegras, o que aparece nas redes sociais ainda é apenas uma parte da realidade.

Isso porque determinados assuntos, sobretudo os mais íntimos, difíceis ou dolorosos, não devem ser compartilhados com o público. Pessoas sábias reconhecem isso, preservam o que é privado, tratam os conflitos com respeito e silêncio e não transformam vulnerabilidades profundas em conteúdo. Então, por mais que você admire um casal e confie no que eles mostram, ainda assim não estará vendo tudo.

Comparar esses recortes aos seus relacionamentos, às suas dificuldades ou à sua vida financeira é injusto com você, porque o que aparece nas redes não necessariamente é mentira, mas também nunca é o todo. Tentar viver à altura de um recorte idealizado é a forma mais rápida de se afastar da sua própria verdade.

O mesmo vale para personagens de livros, filmes, novelas e séries. Ainda que alguns autores utilizem arquétipos para expressar verdades profundas sobre a condição humana e muitas vezes o façam com sensibilidade e beleza, é importante lembrar que esses personagens são construções. As histórias foram moldadas para se encaixarem em uma narrativa envolvente com começo, meio e fim. Ou seja, são fragmentos cuidadosamente criados para causar impacto emocional, prender a atenção e gerar identificação, mas não para representar a realidade na totalidade.

Por isso, usar tais histórias como referência direta para as suas escolhas e fazer comparações pode ser perigoso. Porque, por mais que a ficção toque em verdades, ela ainda é ficção, e viver exige mais do que bons roteiros. As mulheres acabam esperando que os relacionamentos mantenham aquela mesma emoção e intensidade do começo, mesmo depois de anos. Elas confundem a paixão, que é forte e passageira, com o amor, que cresce e muda com o tempo. Esperar que o casamento seja sempre como no início é algo irreal e só gera frustração.

Do outro lado, muitos homens, também presos a idealizações, esperam que as mulheres nunca envelheçam e mantenham corpos e atitudes de quando eram mais jovens. Mesmo que uma mulher cuide de si com carinho, existem limites naturais do corpo e da vida. Uma mulher de 60 anos não será - nem precisa ser - igual a uma de 20.

O problema não é desejar amor, cuidado e beleza. O problema é esperar que a vida seja uma fantasia, sem mudanças, sem crescimento, sem realidade. Como consequência disso tudo, as pessoas olham para si mesmas, para os parceiros e para o trabalho e enjoam do que as rodeia quando essas coisas simplesmente não estão na ordem que sugerem os filmes e as novelas. Muitos homens e muitas mulheres estão confusos em relação ao que é sucesso e como encontrá-lo, e isso ocorre porque estão se comparando com os padrões errados.

A vida real não está na rede social, ela acontece dia após dia, ano após ano. A vida real não vai mudar de capítulo depois de uma hora. Não vai se tornar uma trilogia nem ter "temporada 2". Se você quer realmente ser feliz, precisa fazer as escolhas certas, dia após dia.

A falsa promessa da felicidade instantânea

Pare e reflita um momento: praticamente tudo ao nosso redor reforça uma ideia incorreta sobre a felicidade. Muitos filmes, por exemplo, apresentam narrativas românticas que costumam terminar quando a relação começa. Após toda a trama, vem o beijo e o letreiro final: "E viveram felizes para sempre". Esse desfecho sugere que a felicidade ficou congelada naquele instante, como se nada mais acontecesse e tudo após fosse uma continuação da felicidade eterna. De certa forma, as redes sociais também contribuem para essa visão distorcida. As pessoas postam fotos da formatura, do noivado, do casamento, do nascimento do bebê... embora não haja nada de errado nisso, o que muitos confundem com felicidade é, na verdade, apenas um momento de alegria. E essa alegria é passageira.

Agora, pense na sua vida. Quantas vezes você já acreditou que a felicidade estava atrelada a um objetivo específico, um evento futuro? Quando acreditamos que a felicidade depende de momentos como uma formatura ou um casamento, deixamos de vivê-la no dia a dia. A alegria da formatura, por exemplo, é intensa, mas só acontece após anos de estudo e esforço. Será que a felicidade está mesmo ali, naquele momento único? Não. Ela está no processo, no esforço contínuo que vem depois da conquista. O casamento também é apenas uma cerimônia que dura uma noite e só ocorre depois de muita reflexão e decisões que, para terem sentido, exigem esforço constante. O nascimento de um filho, que é um evento poderoso, dura algumas horas, mas é o resultado de meses de preparação, carinho e dedicação.

É justamente essa crença equivocada sobre a felicidade que tem sido alimentada por diferentes aspectos da nossa sociedade.

Isso acontece por meio da cultura, com filmes, livros e músicas que nos moldam; pela educação, com a manipulação de conteúdos; e pela mídia, com notícias tendenciosas e informações distorcidas. Além disso, movimentos sociais, muitas vezes, reforçam esses mesmos conceitos, espalhando ideias que nem sempre são verdadeiras.

O impacto das referências na sua identidade

Talvez você ainda não tenha uma compreensão exata da dinâmica ideal dos relacionamentos ou do seu papel no mundo. Talvez ainda não tenha se conectado completamente com a sua verdadeira identidade. Todas essas informações podem ser novas para você. Quando eu mesma passei pelo processo de descoberta e adaptação, precisei de tempo para me familiarizar com tudo, entender o que significava e colocar em prática na minha vida.

Você talvez já tenha começado a perceber que, ao longo da sua vida, essas mentiras moldaram a maneira como você se vê, aquilo em que acredita e, consequentemente, como age. Foi com base nessas crenças que você construiu os seus relacionamentos e chegou até onde está hoje. Se refletir mais profundamente, perceberá que a identidade que tem de si mesma define tudo: as suas crenças, os seus comportamentos e, por fim, os seus resultados.

Por exemplo, se em algum momento você se identificou com a ideia de ser uma "guerreira", provavelmente passou a ver o mundo como um campo de batalha, acreditando que sempre precisaria estar pronta para enfrentar desafios. Isso molda não apenas como você se comporta, mas também como lida com as pessoas ao seu redor, o que afeta diretamente a qualidade dos seus relacionamentos.

Essa "voz" interna que nos afasta da nossa verdadeira identidade feminina é alimentada pelos mesmos padrões. Ao longo da vida, você acabou acreditando em mentiras sobre o que significa ser uma mulher feminina, sobre o porquê de ser feminina e, principalmente, sobre o que a feminilidade realmente pode trazer para a sua vida.

Por que você não é feminina?

Para mudar os resultados que tem obtido, não basta tentar modificar superficialmente o próprio comportamento; é necessário ir além. Você precisa compreender profundamente o que significa ser uma mulher feminina, pois só assim poderá vivenciar tal papel de maneira verdadeira. Por isso, resolvi começar de outra forma: antes de falarmos sobre o que é ser uma mulher feminina, é importante entender o que não é. Vamos lá?

- Uma mulher que só se importa consigo mesma.
- Uma mulher que só se importa com os próprios objetivos.
- Uma mulher que só olha para as próprias conquistas.
- Uma mulher que não dá valor às pessoas ao redor.
- Uma mulher que não dá valor às relações afetivas.
- Uma mulher que não se cuida.
- Uma mulher que não confia em ninguém.
- Uma mulher que não faz questão de levar paz para as pessoas e os ambientes, que não oferece aconchego para ninguém.
- Uma mulher cuja presença é sempre motivo de tensão, e não um convite à calmaria.
- Uma mulher que não dá valor à beleza.

Você pode até me perguntar por que uma mulher que age assim não é considerada feminina, e a resposta é simples: tudo isso revela uma pessoa excessivamente egoísta. Uma mulher adulta e madura entende que tem papéis e responsabilidades a cumprir. É justamente esse compromisso diário com os deveres em relação aos outros que a distingue de uma menina imatura.

Nada do que foi mencionado se encaixa no conceito de ser uma mulher feminina. Uma mulher imatura está focada demais em si mesma, buscando aprovação, reconhecimento, aplausos e elogios.

No fundo, o que ela realmente deseja é ser vista e amada, em vez de ser capaz de amar genuinamente. Muitas pessoas que dizem "Ah, eu amei tanto essa pessoa" acabam, na verdade, não enxergando que passaram a vida toda esperando o amor do outro. O que elas faziam era agir com a expectativa de receber algo em troca. E isso não é o que se espera de uma mulher madura. Devemos fazer o bem ao próximo porque esse é o nosso dever, não porque esperamos que ele nos retorne o favor.

Uma mulher imatura ainda está em confronto com a realidade, com as próprias raízes, com a família, acreditando que tudo na vida deve ser conquistado pela força. Já uma mulher madura, que fez as pazes com o passado, colocou a vida em ordem e compreendeu a verdadeira função dela no mundo, está preparada para nutrir, edificar e embelezar a vida daqueles ao redor. Ela sabe que a força dela não vem da resistência, e sim da capacidade de aceitar, aprender e transformar tudo o que toca.

Então, o que significa ser feminina?

Agora você deve estar se perguntando: "Nic, afinal, o que é uma mulher feminina?". Vamos entender melhor:

- Uma mulher feminina é conectada com o corpo próprio e as emoções.
- Uma mulher feminina sabe do que precisa e sabe se expressar com confiança e delicadeza.
- Uma mulher feminina sabe ser assertiva sem ferir outras pessoas.
- Uma mulher feminina busca fazer o certo, sem relativizar as coisas ou esperar algo em troca.
- Uma mulher feminina busca cumprir a finalidade dela no mundo de maneira cada vez melhor.
- Uma mulher feminina busca satisfação e beleza nas pequenas coisas do cotidiano.
- Uma mulher feminina faz a rotina diária parecer um presente.

- Uma mulher feminina torna tudo melhor com a simples presença dela.
- Uma mulher feminina se preocupa com o impacto das próprias ações e palavras sobre os outros.
- Uma mulher feminina cuida bem de si para os outros não porque espera algum benefício deles, mas para que a "simples" presença dela seja algo realmente bom para as pessoas.
- Uma mulher feminina se esforça por amor.
- Uma mulher feminina, se arruma para receber o marido.
- Uma mulher feminina se levanta mais cedo para fazer o café da manhã e reunir a família à mesa.
- Uma mulher feminina abre mão de renda extra, se necessário, para passar mais tempo com os filhos.
- Uma mulher feminina prefere pessoas a coisas, pois vê nas relações um tesouro.
- Uma mulher feminina é uma boa amiga, uma boa filha, uma boa mãe, uma boa profissional, uma boa esposa.

Acredito que a sua pergunta tenha sido respondida com clareza, certo? Mas vamos continuar explorando os tópicos mencionados.

Quando uma pessoa observa uma mulher feminina, percebe a ordem e a beleza criadas não apenas nela mesma, mas também em tudo o que a cerca. A estética da mulher feminina é marcada por harmonia e equilíbrio, porque ela compreende que a verdadeira beleza não é algo subjetivo, que cabe a ela mesma definir, e sim um conceito que surge na realidade quando diferentes elementos se combinam de maneira natural. Por isso, ela busca sempre a harmonia e a proporção: no corpo, no rosto, na maquiagem, nas roupas e nos acessórios, e até nos detalhes mais sutis, como os objetos que escolhe para decorar a casa e a transformar em um verdadeiro lar.

Rumo à realidade

Inicialmente, pensei em compartilhar exemplos de casais que alcançaram sucesso tanto no relacionamento quanto na vida financeira, para que você pudesse se inspirar e refletir sobre os próprios padrões. Mas, como falei antes, independentemente de quão íntegros e verdadeiros esses casais sejam, o que se vê nas redes sociais ou na mídia é sempre um recorte, uma parte da história que eles escolhem mostrar.

Muitos desses recortes são, sim, inspiradores e refletem verdades importantes. Ainda assim, eles não revelam a totalidade dos desafios e da vida real que esses casais enfrentam. Por isso, é importante lembrar que, embora existam casais admiráveis e autênticos, usar apenas essas imagens parciais como referência pode gerar expectativas irreais e comparações injustas. Porque você vê o palco, mas não vê o bastidor.

O caminho é aprender a reconhecer tais recortes e buscar construir e adaptar a sua própria realidade, com maturidade e presença.

Anos atrás, eu estava à procura de exemplos para entender melhor o que de fato satisfaz uma mulher quando se trata de relacionamento e vida plena. Depois de um tempo, percebi que as referências que eu tinha não eram reais o suficiente para que pudessem me ajudar a encontrar as respostas que eu procurava. Foi quando decidi buscar inspiração na realidade. E é exatamente isso que proponho a você agora.

Pense na sua vida e nas pessoas que a impactaram. Reflita sobre mulheres, casais e homens com quem você teve algum tipo de convívio. Lembre-se de familiares, amigos, colegas de trabalho, chefes, vizinhos, empresários, até mesmo conhecidos de amigos. Essas pessoas, em algum grau, moldaram a sua percepção da vida, certo?

Agora, pense no homem mais bem-sucedido que você já conheceu. Tente identificar as áreas da vida em que ele se destacou. Como era a família dele? O que ele fazia no trabalho? Como eram o estilo de vida e a rotina diária dele? Em seguida, pense na mulher mais bem-sucedida que você conhece. Analise o que ela conquistou e como se organizava na vida pessoal e profissional. Quais aspectos da vida demonstram o sucesso dela? Como ela vivia no dia a dia?

Uma pessoa realmente bem-sucedida é muito diferente daquelas que vemos nas telas. Na vida, homens e mulheres comuns, que fazem o que é certo todos os dias, são os que verdadeiramente alcançam o sucesso. Esses indivíduos podem, sim, ter sucesso financeiro, mas é importante notar que esse sucesso vem de uma base sólida, construída ao longo do tempo. Nada acontece de um dia para o outro, e muito menos de maneira fácil, como várias vezes nos fazem acreditar. Você consegue notar isso?

Agora, reflita sobre uma mulher que tem uma vida realmente bem-estruturada e de sucesso. Compare com aquelas que você costumava considerar mulheres "de sucesso". O que quero provocar aqui é uma reflexão: a régua que você usa para medir o valor de uma mulher está correta? A sociedade de hoje, muitas vezes sem perceber, faz as mulheres avaliarem o valor umas das outras pela exposição, pelo sucesso financeiro e até mesmo pela fama. Mas será que é isso que realmente define o valor de uma mulher?

Observe ao seu redor as mulheres que de fato têm uma vida equilibrada e feliz. Elas procuram as mesmas coisas que aquelas que vemos na mídia? O que muitas vezes conseguimos perceber, ao olharmos para a vida dessas celebridades que buscam fama e riqueza a todo custo, é um cenário bem distante do que seria uma vida equilibrada. Relacionamentos com histórias de traições, brigas e abusos são mais comuns do que gostaríamos de admitir. E tudo isso muitas vezes é mascarado por uma imagem impecável. Se você observar as mulheres mais famosas da mídia brasileira hoje, perceberá que muitas estão solteiras, excessivamente expostas e com a vida sentimental e emocional em ruínas. E são exatamente essas mulheres que tentam ditar como as outras devem se comportar. Em muitos casos, são essas mesmas mulheres que acabam ensinando outras a tentarem ser superiores aos homens nos relacionamentos. Já se deu conta disso?

Agora reflita sobre como você tem medido o valor de uma mulher. O que, para você, define uma mulher bem-sucedida? Pense nas suas referências pessoais: aquelas mulheres felizes, com a vida organizada, que, aos seus olhos, alcançaram o sucesso. Quais são os fatores que fazem você acreditar que essas mulheres realmente vivem uma vida plena e satisfatória? É possível que tenha pensado em: um relacionamento duradouro, uma vida dedicada à família e um homem bom, trabalhador e honesto ao lado. Acertei? Eu apostaria que sim.

O poder das referências reais

Anos atrás, eu também buscava ser rica e bem-sucedida financeiramente. Acreditava que, para ser admirada, deveria competir com os homens, adotando as qualidades que os tornavam desejáveis e respeitados. Sem perceber, eu buscava cultivar qualidades masculinas em mim, como a ambição implacável e a independência radical. Como consequência, acabava me envolvendo com homens que não eram verdadeiramente os meus pares. Eram homens por quem eu não tinha admiração, que viam em mim o que faltava neles: masculinidade.

Então, decidi mudar as minhas referências e, naturalmente, mudei a mim mesma. Passei a ser uma mulher mais feminina e, ao fazer isso, encontrei o que realmente sonhava: construí a minha família e hoje sou mãe. Esse é o poder das boas referências na nossa vida. Elas têm a capacidade de transformar o nosso futuro, porque são baseadas na vida real, e não em ilusões ou fantasias.

Você vê o palco, mas não vê o bastidor.

A mulher que você nasceu para ser

@nicolefreya_

CAPÍTULO 3

HOMENS E MULHERES TÊM CORPOS E FUNÇÕES DIFERENTES

Ao chegar até aqui, talvez esteja pensando: Nic, *entendi o que está mostrando, e faz muito sentido, mas já fiz tudo isso que você falou e não dou certo com ninguém.* Tenho certeza de que você conhece mulheres lindas e maravilhosas que fazem tudo isso e continuam sofrendo muito nos relacionamentos. Alguma dessas mulheres é você?

Se for, tudo bem. Não sofra. Eu acredito em você. Acredito quando diz que já fez de tudo e não dá certo com ninguém. Acredito que conhece mulheres que são bonitas, especiais e mesmo assim sofrem na área de relacionamentos. Acredito também que existem muitas mulheres femininas e homens masculinos que sofrem com relacionamentos ruins e continuam vivendo no fracasso porque não entendem a dinâmica lógica por trás das relações entre homens e mulheres.

Sim, existe um norte biológico que aponta o formato e a ordem ideal de um relacionamento. Ao conhecer essa dinâmica, você vai entender por qual razão muitos relacionamentos que até parecem sólidos simplesmente se desmancham de uma hora para outra. Também vai entender por qual razão mulheres maravilhosas sofrem com a solidão e por não conseguirem bons parceiros. Entenderá por que bons homens acabam se casando com mulheres desonestas ou por que tantas mulheres bem-formadas, bonitas e bem-sucedidas no trabalho acabam sendo traídas e abandonadas por homens moles.

O que está por trás dos relacionamentos que não funcionam

Quero começar tratando do Valor Sexual de Mercado (VSM). É um conceito um pouco polêmico, eu sei, porque muitas pessoas não o entendem completamente. Algumas confundem com outros temas ou distorcem o significado, o que acaba gerando desinformação. Porém, a realidade é soberana; então, se compreender de verdade o que ele implica nas dinâmicas de relacionamento, você vai entender muito melhor o mundo ao seu redor e saber como agir da maneira mais apropriada nos seus relacionamentos.

Esse conceito funciona, é útil e de fácil compreensão, mas antes de prosseguirmos é importante esclarecer algo. O que vou compartilhar aqui não tem nada a ver com psicologia darwinista. Não vamos falar daqueles rótulos como alpha, beta ou sigma, porque eles não têm relação com o assunto, são nomes que algumas pessoas usam para classificar tipos de comportamento, principalmente entre homens, como se fosse uma hierarquia. Como se o "alpha" fosse o líder dominante; o "beta", o homem submisso; e o "sigma", o solitário misterioso e desejado. Mas essa é uma ideia exagerada e muito simplificada que não explica direito como as coisas realmente funcionam. Não uso tais categorias para basear o que digo aqui. Quero ajudar você a entender o que acontece de verdade nos relacionamentos, de um jeito mais real e simples.

Três dimensões da natureza humana: corpo, alma e espírito

Homens e mulheres não têm uma natureza animal. Nós somos seres humanos. Temos uma natureza humana, que é infinitamente diferente da animal. A vida do ser humano acontece em três dimensões:

1. dimensão física, dominada pelo corpo;
2. dimensão da alma, dominada pela mente;
3. dimensão espiritual, dominada pelo espírito.

Na dimensão física estão os desejos mais baixos, os do corpo, da carne. Ela é alimentada pelos sentidos: visão, audição, olfato, paladar e tato. São eles que geram a atração, aquele momento de "match" que sentimos. A primeira atração entre um homem e uma mulher ocorre exclusivamente nesse plano físico, no qual se encontram as paixões carnais.

Já na dimensão da alma estão os desejos intermediários, aqueles que vêm da mente e da maneira como interpretamos o mundo. Eles são alimentados pelas conversas que temos com os outros e pelo nosso diálogo interno, pela compreensão dos fatos de acordo com os nossos valores e a nossa história pessoal. Esses desejos são os principais responsáveis por aquela percepção de: "Nossa, gostei dele". Sabe aquele momento em que você sente que a pessoa se encaixa na sua vida? É isso.

Por fim, na dimensão espiritual, encontram-se os desejos mais elevados, os do espírito. Essa parte é alimentada pela inteligência, pelo intelecto e pela intuição superior, aquela que parece que não vem de nós, sabe? É nela que nascem os anseios pelo que é eterno. É aquele momento em que você conhece alguém e tem a certeza de que é a pessoa certa para se casar, ter filhos e dedicar a sua vida. Somente na dimensão espiritual existe amor de verdade.

Então, precisamos entender como o ser humano interage com a própria natureza, ou seja, como lida com os diferentes tipos de desejos (carnais, mentais e espirituais) em uma sociedade repleta de outras pessoas que também estão lidando com esses mesmos desejos. Para isso, precisamos dar um passo atrás, voltar no tempo e observar a trajetória do ser humano ao longo da história.

A origem da diferença entre homem e mulher

As primeiras civilizações, isto é, as primeiras cidades organizadas com escrita, leis e instituições, surgiram há pouco mais de 4 mil anos. Antes disso, o ser humano era nômade, vivia em pequenos grupos e usava cavernas ou tendas como abrigo. A civilização como conhecemos hoje, com tantos recursos, tecnologias e estruturas sociais, é muito recente. Ainda estamos aprendendo a viver em sociedade, construir tradições duradouras, nos comunicar com clareza e nos relacionar de modo menos impulsivo.

Diversos estudiosos vêm mostrando como o avanço da linguagem, da organização social e da tecnologia contribuiu diretamente para a redução da violência e do caos. O psicólogo e linguista Steven Pinker, por exemplo, reúne na obra *Os anjos bons da nossa natureza* grande quantidade de dados históricos e antropológicos para mostrar que, ao contrário do que parece, vivemos hoje no período menos violento da história humana.[1] Para ele, o que possibilitou essa transformação foi justamente o surgimento de instituições, sistemas legais, estruturas de governo, acesso à educação, formas de comunicação e cultura escrita; ou seja, tudo aquilo que organiza a vida em grupo e permite o refinamento dos comportamentos.

Contudo, o ser humano começou a se relacionar em um mundo anterior a essa organização, no qual o caos, a insegurança e a força bruta ainda ditavam muitas das regras. Esse passado ancestral, ainda presente nas nossas memórias coletivas e emocionais, muitas vezes influencia como nos comportamos nas relações até hoje.

A maneira de nos relacionarmos esteve, em grande parte, voltada para a sobrevivência, porque, até pouco tempo atrás, viver era uma luta constante. Em tempos de guerra, por exemplo, tudo voltava ao ponto de partida: caos e sobrevivência. Era cada um por si, pela família, pelos filhos.

Se em um cenário de maior caos os riscos aumentam, o conforto diminui e a violência cresce, você realmente acha que, nesse contexto, há espaço para uma mulher afirmar que não precisa de ninguém? Que é independente e não precisa de um homem para nada? Ou, ainda, você acredita que seria viável para ela se relacionar com qualquer homem e correr o risco de engravidar sem saber ao certo de quem? Você acha que um homem teria tempo para desperdiçar com joguinhos, relações superficiais e uma vida preguiçosa, sem compromisso e trabalho?

---

1. PINKER, S. **Os anjos bons da nossa natureza**: por que a violência diminuiu. São Paulo: Companhia das Letras, 2017.

A grande verdade é que o mundo pode ter mudado, a sociedade pode estar diferente, a tecnologia pode ter avançado, mas as nossas motivações continuam sendo exatamente as mesmas: queremos, em primeiro lugar, sobreviver. Depois que a sobrevivência está garantida, buscamos afeto e prazer. E só depois disso nos preocupamos com algo que seja eterno e elevado.

Com isso em mente, cai por terra todo o discurso de igualdade, tão difundido hoje. O que um homem precisa para sobreviver no caos é diferente do que uma mulher precisa. O que um homem busca para obter afeto e prazer é diferente do que uma mulher busca. E, mais importante, os desejos mais elevados de um homem não são os mesmos de uma mulher.

Agora, eu pergunto:

- No meio de uma guerra, o que um homem precisa que só uma mulher pode oferecer?
- E o que uma mulher precisa que só um homem pode oferecer?

Pense bem... Imagine o homem no campo de batalha, cercado por morte e caos, perdendo amigos, ouvindo gritos de desespero, sendo forçado a agir com brutalidade para garantir a própria sobrevivência. O que exatamente o faria querer continuar vivo? O que o faria querer voltar para casa? A resposta é simples: a certeza de que, ao retornar, encontraria a esposa e os filhos. E a mulher? No meio do caos, o que ela quer é se sentir segura e protegida.

Essas necessidades ainda estão presentes na nossa vida hoje, embora em um grau muito menor. Quando observamos o mundo ao nosso redor, percebemos um caos social, econômico, político e até mental. Todos nós vivemos algo parecido nos últimos anos, especialmente durante a pandemia de covid-19. Não à toa, o número de divórcios aumentou de maneira expressiva após o período de isolamento: segundo o IBGE, em 2021 foram registrados cerca de 386,8 mil divórcios no Brasil, um aumento de 16,8% em relação a

2020.[2] Ao mesmo tempo, houve aumento no número de casamentos civis, o que demonstra como o confinamento e a incerteza aceleraram decisões afetivas, para o bem e para o mal.

Então, as relações interpessoais foram, sim, aceleradas por um momento histórico intenso. Isso mostra que, mesmo em tempos modernos, ainda somos movidos pelas mesmas forças básicas: o desejo de segurança, conexão e sentido.

Quando olhamos para a realidade sem os filtros das nossas ideologias, sem nos escondermos atrás das coisas em que gostaríamos de acreditar para justificar as nossas falhas ou nos sentirmos bem, a verdade fica bem clara: na vida real, não há espaço para esses discursos modernos. Não há espaço para falácias sobre "igualdade" entre os gêneros nem para a ideia de que "feminilidade é só uma performance", muito menos para quem insiste que homens e mulheres são iguais. Você já percebeu até aqui que isso não é verdade, certo? Essas ideias não passam de teorias desconectadas da realidade, propagadas por pessoas que evitam encarar a verdade ou que simplesmente não têm fundamento para afirmá-las.

Vamos aos fatos: a mulher é evidentemente mais fraca em termos físicos. Sim ou não? Isso, por si só, a torna mais vulnerável. Sim ou sim? Essa vulnerabilidade se intensifica ainda mais durante a gestação, certo? Se a vida segue o curso natural, o que uma mulher que está em sintonia com a própria natureza e realidade espera de um homem com quem escolhe se relacionar? A resposta é simples: proteção para ela e para os filhos que gerarem juntos.

Em contrapartida, a mulher é mais forte mentalmente. Tem uma mente mais controlada e direcionada para motivações mais profundas. Só ela é capaz de gerar uma vida e de transformar o ambiente ao redor em algo mais bonito e harmonioso. Por isso, a mulher é mais voltada para o mundo interior, e é ela quem preserva o que

2. GOMES, I. Em 2021, número de óbitos bate recorde de 2020 e número de nascimentos é o menor da série. **Agência IBGE**, 16 fev. 2023. Disponível em: https://agenciadenoticias.ibge.gov.br/agencia-noticias/2012-agencia-de-noticias/noticias/36308-em-2021-numero-de-obitos-bate-recorde-de-2020-e-numero-de-nascimentos-e-o-menor-da-serie. Acesso em: 23 jul. 2025.

realmente tem valor. É por isso que sempre falamos que gostamos de homens responsáveis. No fundo, o que queremos dizer é que admiramos homens que sabem lidar com as consequências das próprias escolhas e ações.

Pense em uma gestante nas semanas finais, com 10, 15 ou até mesmo 20 quilos a mais do que o normal, em meio a um cenário de caos. Imagine-a, nesse estado, tendo que sair do próprio abrigo para buscar alimentos e recursos essenciais para a sobrevivência e para proteger a si mesma. Ou, em um cenário ainda mais difícil, já com um bebê ou uma criança pequena para cuidar. Nenhuma mulher quer passar por isso, não é? Essa situação extrema só evidencia ainda mais o que a mulher já sabe de maneira intuitiva: ela, por natureza, é mais vulnerável em muitos aspectos. E é justamente por esse motivo que espera que o homem assuma a responsabilidade de prover e proteger.

Pode-se dizer que é por isso que a mulher se preocupa mais com o casamento do que o homem. A partir do momento em que a mulher se torna fértil, existe a possibilidade de conceber uma vida, o que implica um compromisso natural com a continuidade dessa vida. Pense comigo: como será a vida dela sem ter ao lado um homem disposto a prover e proteger os filhos? Qual homem é mais capaz de oferecer tudo isso? Qual homem é mais capaz de oferecer os recursos e a proteção que a mulher busca? Eu vou responder, mas antes vamos analisar.

O homem, como já sabemos, tem uma força física superior, que permite que lide com o estresse de maneira mais eficaz, com mais resistência e maior capacidade para realizar tarefas que exigem força e até mesmo para enfrentar situações extremas. Por isso, ele é mais orientado para o mundo externo, saindo em busca dos recursos necessários para garantir a sobrevivência. Com níveis de testosterona vinte a trinta vezes superiores aos da mulher, ele está constantemente em competição, sempre buscando novas conquistas e desafios. Você talvez conheça alguém que, apesar da força e da coragem, pareça perdido em busca de algo que nem ele mesmo entende, como se fosse um trem desgovernado, cheio de potência, mas sem uma direção significativa.

Por isso, o homem precisa encontrar um caminho que o conduza a motivações mais profundas e significativas, e é comum que esse caminho seja guiado por uma mulher. Enquanto o caminho não estiver claro, o homem tende a se perder em busca de conquistas que apenas atendem aos desejos mais superficiais dele. Compreenda uma coisa simples: um homem forte, responsável, líder e capaz sempre terá muitas mulheres ao redor. No entanto, ele precisa de uma razão maior, algo significativo, para escolher apenas uma.

Em virtude do instinto competitivo arraigado, a disputa entre os homens por posições de destaque na sociedade é inevitável e acontece em diversos ambientes, como nos negócios, nas relações sociais, no trabalho e no convívio diário. Nós, mulheres, observamos essa dinâmica muitas vezes de modo inconsciente e acabamos criando uma espécie de ranking entre os homens.

A vida dos homens é, em grande parte, uma competição que define quem ocupa a liderança em cada esfera, dia após dia. As conquistas masculinas são não apenas uma maneira de autoafirmação, são também um reflexo de como cada um é percebido pela sociedade. Por isso, um homem verdadeiramente conectado com a natureza masculina está sempre buscando se aprimorar e evoluir. Um bom homem nunca se acomoda, pois sabe que precisa provar o próprio valor não só para si mesmo, mas também diante dos outros homens.

É justamente por viver nessa "guerra" constante que o homem precisa que a mulher ofereça um ambiente de paz, um refúgio emocional onde ele possa, ao menos por um momento, encontrar descanso e sossego. Esse espaço de calma é essencial para que ele consiga se recarregar e seguir enfrentando os desafios diários. E mais: no ciclo natural dos relacionamentos, o homem está disposto a dar a própria vida pela família, porque ele entende que, em um nível fundamental, as crianças dependem mais da mãe. Ele sabe que é mais forte, então, inconscientemente, busca a certeza da fidelidade da mulher, porque isso dá a segurança de que, ao lutar pela própria família, ele está de fato lutando pelas razões corretas.

A chave da atração, da conexão e da elevação

Então pergunto: que tipo de mulher oferece tudo de que um homem precisa? Você se lembra das três dimensões que mencionei antes (física, mental e espiritual)? Perceba como tudo se conecta: a mulher mais bela atende às necessidades mais baixas do homem, as carnais, que têm a ver com atração física. A mulher mais agradável atende às necessidades da alma do homem, pois está em sintonia com o lado emocional dele, com a conexão e a companhia que ele busca. Já a mulher fiel e preservada atende às necessidades espirituais do homem, que envolvem segurança, estabilidade e um amor verdadeiro.

No caso da mulher, a lógica é a mesma: o homem com maior status e capacidade de conquista atende às necessidades femininas mais baixas, aquelas que envolvem proteção e recursos materiais. O homem que demonstra maior capacidade de prover e proteger atende às necessidades da alma da mulher, trazendo segurança emocional e estabilidade. E, finalmente, o homem mais capaz de liderar uma família atende às necessidades espirituais da mulher, que busca um compromisso profundo e a construção de um futuro juntos.

Agora fica mais fácil entender por que as mulheres mais belas sempre terão mais homens interessados nelas, não é? Os homens competem entre si pela atenção dessas mulheres e, para isso, se tornam melhores, mais focados e mais preparados. E a lógica se repete do outro lado: os homens conquistadores, aqueles com status em determinado ambiente, sempre terão mais mulheres interessadas neles. As mulheres disputam a atenção deles e, ao fazerem isso, também se tornam melhores, mais cuidadosas, mais exigentes em relação aos próprios padrões. A dinâmica de disputa, seja no desejo carnal, mental ou espiritual, é o que realmente move o comportamento humano nos relacionamentos.

Isso tudo forma a chave para construir relacionamentos duradouros:

- O que atrai uma pessoa são as necessidades baixas.
- O que mantém uma pessoa são as necessidades da alma.
- O que eleva uma pessoa são as necessidades espirituais.

Acredito que agora você já compreende algo muito simples, mas fundamental: o que atrai um homem não é o que vai fazê-lo ficar com você. Você mesma já deve ter percebido que é supercomum que mulheres lindas, extremamente desejadas, não consigam manter um relacionamento. Isso acontece porque elas, muitas vezes, só atendem às necessidades mais baixas dos homens. Até podem ser fisicamente atraentes, mas não conseguem se conectar com o que de fato importa para a alma masculina e muito menos elevar essa conexão a um nível mais profundo, espiritual.

Da mesma maneira, é comum encontrar homens bonitos, charmosos e conquistadores, mas que nunca estabelecem uma relação duradoura. Eles podem até parecer bons partidos, mas na realidade são só "dublês" de um homem de valor. Até preenchem as expectativas iniciais, mas não conseguem oferecer à mulher o que ela realmente precisa em termos emocionais e espirituais. Esse tipo de homem, por mais que tenha status e gere atração física, não sabe como liderar uma família nem criar um vínculo genuíno que vá além do superficial.

Em outras palavras, o que faz uma mulher admirar um homem é a percepção de que ele está constantemente em busca de evolução, esforçando-se para melhorar e conquistar mais recursos para a família. Essa atitude e esse empenho mantêm a mulher em um relacionamento. No caso do homem, o que o faz escolher a mesma mulher todos os dias é a percepção de que ela precisa dele, que a presença dele é valiosa, útil e essencial. É isso que mantém um homem em um relacionamento.

O conceito de Valor Sexual de Mercado

Agora que você tem um panorama e entende os aspectos mais profundos da dinâmica entre homem e mulher, podemos abordar o VSM de maneira mais clara. Para resumir, coloco o seguinte:

- A mulher sempre vai buscar um homem mais capaz que ela.
- O homem sempre vai buscar uma mulher que o faça se sentir um homem.

O Valor Sexual de Mercado das pessoas considera como elas são avaliadas nas interações sociais e nos relacionamentos. A conclusão é simples:

- Quanto mais capaz de suprir as necessidades da mulher for o homem, maior é o valor dele.
- Quanto mais capaz de suprir as necessidades do homem for a mulher, maior é o valor dela.

Toda essa capacidade de atrair, manter e elevar o outro é colocada em uma escala de 1 a 10, tanto para homens quanto para mulheres. Isso indica o VSM de cada pessoa.

Aqui, com toda a certeza, posso afirmar que está a grande confusão nos relacionamentos modernos. De um lado, as mulheres reclamam que não existem bons homens para se relacionar; do outro, os homens vivem dizendo que não há boas mulheres para se relacionar. Mas qual é a realidade?

Tanto homens quanto mulheres estão presos aos desejos mais superficiais, muitas vezes focados apenas na atração física, nos desejos da carne, e avaliam os relacionamentos por meio dessa busca. Eles não consideram o quadro completo, deixando de lado o próprio valor em termos mais amplos: status, atitude, capacidade de prover, proteger e liderar. Os homens querem mulheres incríveis, mas muitos ainda estão no começo do amadurecimento, longe de estarem à altura do que esperam.

As mulheres agem da mesma maneira, focam o exterior e os desejos mais imediatos, sem avaliar o próprio valor em todas as dimensões. Elas não param para refletir sobre a própria beleza, se são uma companhia agradável, quão dispostas estão a cuidar de um homem ou se são fiéis, doces e preservadas. Muitas vezes, buscam homens com status, poder, atitude e recursos, sem perceber que para atrair e manter esse tipo de homem também precisam estar preparadas para suprir as necessidades dele nas três esferas: física, mental e espiritual.

O que acontece, então, é que ambas as partes estão buscando algo que nem sempre estão em posição de oferecer. Além disso, as necessidades de homens e mulheres variam conforme a etapa da vida em que se encontram, e isso também deve ser considerado ao buscar um parceiro. Quando uma mulher foca apenas as necessidades superficiais, ou seja, um homem com status ou que atenda a expectativas imediatas de atração física, pode se frustrar ao perceber que, muitas vezes, esse homem não está pronto para assumir responsabilidades maiores, como prover, proteger e liderar uma família.

Como já vimos, a mulher precisa de um homem que seja capaz de prover e proteger para que ela se sinta segura, já que é isso que faz que ela continue o admirando. Já o homem precisa se sentir em evolução, grande, útil e capaz, pois é o que atende à necessidade da alma dele. Portanto, a mulher deve, sim, estar em um nível um pouco abaixo do homem. Mas atenção! Isso não significa de maneira alguma que ela deve se diminuir, apenas que deve preferir um homem mais capaz que ela. Na prática, a mulher busca um homem com o VSM mais alto que o dela, e o homem precisa de uma mulher que tenha um VSM ligeiramente mais baixo que o dele.

Quando o desequilíbrio afasta os casais

Talvez você esteja se perguntando o que acontece quando a mulher tem um VSM superior ao do homem com quem se relaciona. Vamos por partes.

Primeiramente, quando a mulher percebe que está em um nível mais elevado que o do parceiro, tende a perder a admiração por ele, e isso a faz, algumas vezes, olhar para outros homens mais alinhados ao valor dela. Em segundo lugar, o homem, ao se sentir inferior, pode reagir de dois modos: 1) se for um homem íntegro, buscará evoluir para estar à altura dela; 2) se for imoral ou inseguro, há uma tendência a procurar uma mulher com valor inferior ao dele, e é isso que vemos quando um homem trai a esposa com alguém menos bonita ou menos interessante que ela.

E quando a situação se inverte e o homem tem um VSM muito superior ao da mulher? O cenário muda, mas os efeitos também são desafiadores. Em primeiro lugar, a mulher pode começar a se sentir distante demais desse homem, como se ele estivesse em outro patamar. Isso gera insegurança e, se ela for imoral, pode acabar buscando segurança emocional em outros homens que pareçam mais acessíveis. Por outro lado, o homem, por se sentir excessivamente confiante e perceber que não precisa se esforçar para manter aquela mulher, pode começar a voltar os olhos para mulheres que estejam em um nível acima do dela, o que, inevitavelmente, cria instabilidade no relacionamento.

É por causa dessa dinâmica que tantos relacionamentos terminam quando a mulher perde o foco da família, se coloca acima do homem e direciona toda a energia para o próprio crescimento profissional. Diversos relacionamentos também se desfazem quando o homem abandona o impulso de crescimento, se coloca abaixo da mulher e aplica toda a energia em funções domésticas. Em ambos os casos, o que acontece é a perda gradual da admiração mútua, porque cada um deixa de agir conforme a função natural na relação como homem e mulher.

Grande parte das confusões nos relacionamentos pode ser compreendida a partir dessa dinâmica simples, desde que se leve em conta a natureza humana, com as necessidades do corpo, da alma e do espírito. Quando a mulher é capaz de conduzir o homem a uma busca mais elevada, de natureza espiritual, e o homem assume o papel de liderança, os fatores mais baixos não conseguem romper a harmonia do casal. É por isso que uma mulher verdadeiramente feminina, que compreende e vive esse papel diante do homem e da família, tem a força necessária para manter a família unida, mesmo diante dos desafios da vida.

O que o corpo nos ensina sobre vocação

Depois de transformar a vida de mais de 100 mil mulheres, preciso dizer uma verdade importante: a feminilidade não é algo místico nem opcional. Ela é concreta, real e está diretamente ligada à função da mulher no mundo, que é revelada pelo próprio corpo feminino. Isso se torna evidente quando percebemos que tudo neste mundo tem uma forma que indica a respectiva função.

O corpo da mulher revela uma finalidade, que é diferente da finalidade do corpo do homem; caso contrário, teríamos a mesma forma física. O corpo da mulher foi projetado para ser atrativo, receptivo, acolhedor e fazer a ponte entre os mundos físico e espiritual. É por essa razão que somos fisicamente mais belas, recebemos a vida no nosso útero, colocamos as crianças no mundo e as nutrimos com o alimento do nosso seio.

Em um nível simbólico e mais abrangente, a mulher é quem acolhe, nutre, cuida e edifica, embeleza e transforma em vida. Por isso, quando uma mulher diz que não deseja ser feminina, está essencialmente dizendo que não quer cumprir o verdadeiro propósito dela, aquilo para o que foi projetada. Isso leva à infelicidade, porque é impossível ser feliz agindo contra a própria natureza. Ser feminina é simplesmente ser quem você nasceu para ser, é viver de acordo com as suas qualidades inatas, cumprir a sua verdadeira função e fazer o que é certo. Esse é o caminho para se tornar a mulher plena e feliz que você almeja. E vamos entender juntas por que isso é tão essencial para os seus relacionamentos e para a maneira como você se sente na vida.

Por outro lado, o corpo do homem é naturalmente mais robusto e forte que o da mulher. Histórica e biologicamente, a missão do homem sempre foi ser o elo entre a família e o mundo externo. Um homem verdadeiramente masculino é aquele que cumpre essa função com excelência: enfrenta o mundo, conquista recursos, protege a esposa e os filhos dos perigos e assume a liderança com coragem e integridade. Esse é o tipo de homem que faz uma mulher se sentir segura, amada e valorizada. É exatamente esse comportamento que tantas mulheres procuram e não encontram, e é esse o papel que você espera, ou deveria esperar, do seu namorado ou marido. Porque é essa postura que traz à mulher a tranquilidade de saber que pode confiar, descansar e construir ao lado dele.

Um homem bem estabelecido sente prazer em proteger e sustentar a família. Ele se realiza nesse papel e se sente ainda mais completo ao receber reconhecimento, carinho e admiração. Já a mulher precisa ter a segurança de que não faltará nada a ela, especialmente quando tiver filhos, e que poderá contar com esse homem. Essa é, afinal, a expectativa tradicional em relação ao homem. Você sabe disso. Também sabe que, quando ele não cumpre esse papel, o valor dele aos olhos dos outros diminui e, com isso, ele passa a se sentir menos útil.

Mesmo que de modo inconsciente, o próprio homem sabe disso. Quando se afasta dessa responsabilidade, sente frustração, culpa e, muitas vezes, acaba buscando refúgio em vícios ou distrações como álcool, drogas e jogos. Isso o mantém preso em um ciclo de mediocridade. Tenho certeza de que você já viu esse padrão se repetir muitas vezes.

Já parou para pensar que isso também acontece com as mulheres? Quando uma mulher não cumpre o papel que sente ser o dela, ainda que inconscientemente, também carrega um sentimento constante de culpa, omissão e inferioridade. E, assim como os homens, muitas vezes ela tenta fugir dessa realidade. Essas fugas podem assumir várias formas, como trabalho em excesso, compras impulsivas, consumo exagerado de doces, envolvimento em relações casuais... tudo que oferece um alívio rápido, mas no fundo apenas disfarça o vazio interior.

Quando eu afirmo que a feminilidade é o único caminho para que a mulher se sinta verdadeiramente feliz, o que quero dizer é que é por meio da feminilidade que ela consegue se reconectar com o papel mais essencial que tem. É isso que a ajuda a sair da omissão, a deixar de lado a culpa e a encontrar um senso real de utilidade no mundo, acordando a cada dia com clareza, propósito e disposição para fazer o que considera certo.

Agora que você entende por que tudo parecia não funcionar, é hora de se libertar da culpa e dar os primeiros passos para reconstruir o seu caminho com consciência. É possível. E começa com você.

Ser feminina é simplesmente ser quem você nasceu para ser, é viver de acordo com as suas qualidades inatas, cumprir a sua verdadeira função e fazer o que é certo.

A mulher que você nasceu para ser

@nicolefreya_

CAPÍTULO 4

REPROGRAME A SUA MENTE

Agora que você entendeu com clareza de onde vêm tantos conflitos nos relacionamentos, tantas frustrações no amor e até mesmo a sensação de inadequação que tantas mulheres carregam em silêncio, chegou a hora de dar o próximo passo.

Você está pronta para reprogramar a sua mente. E o que isso significa, na prática? Significa revisitar as crenças que você carrega dentro de si, muitas delas implantadas desde a infância, e fazer uma limpeza consciente daquilo que não serve mais.

Tudo que pensamos, sentimos e acreditamos é resultado de repetições. As ideias que você escutou por anos sobre independência, força, sucesso, liberdade, e até mesmo sobre amor e feminilidade, formaram um sistema de pensamento que passou a operar de maneira automática na sua vida.

Crenças são como rotas que o cérebro aprende a seguir. Mesmo que levem ao sofrimento, continuamos andando por elas porque são familiares e confortáveis. Mesmo quando sabemos que podem nos fazer mal, seguimos por esses caminhos automáticos, simplesmente porque o desconhecido assusta mais. Porém, o que é aprendido pode ser desaprendido. E com isso todo padrão mental pode ser refeito.

Reprogramar a mente é observar os pensamentos que surgem, questionar aquilo em que você tem acreditado como verdade e então substituir essas rotas antigas por outras, que sejam mais verdadeiras, mais leves, mais alinhadas com quem você realmente é.

A minha função é reconectá-la com a sua verdadeira identidade feminina, a identidade que você recebeu do Criador, a sua real essência. Você nasceu mulher, em um corpo de mulher, e, para ser feliz, o que realmente precisa é exercer a sua função de mulher no mundo. Mas isso não será possível enquanto você continuar acreditando em todas as mentiras que foram repetidas para você dia após dia desde a infância.

É por isso que, a partir de agora, vamos olhar com atenção para as mentiras que você ouviu sobre ser mulher e que talvez ainda carregue aí dentro, sem perceber. Vamos nomeá-las, entender como se formaram e mostrar como podem ser substituídas por verdades que curam, constroem e libertam.

Este é o seu momento de reprogramação. Vamos lá?

Eu não preciso de homem para nada, eu me basto sozinha.

Essa mentira tem origem direta nos movimentos sociais e é amplamente divulgada pela mídia e por artistas. Ela cativa porque parece nos dar um pequeno poder de escolha, além de liberdade extremamente atrativa. Dizer isso traz conforto, especialmente para uma mulher que tenha terminado um relacionamento difícil ou que esteja há algum tempo solteira. Afinal, se ela não precisa de homem para nada, então o sofrimento acabou – e aí essa mulher não precisa refletir sobre a própria responsabilidade no fracasso pessoal dela. Ela para nisto: "Não preciso de homem para nada, porque sou boa demais para qualquer homem".

Essa frase é uma mentira antes mesmo de pensarmos no sentido dela, mas vamos lá. Em algum momento da sua vida você já pensou no que isso realmente quer dizer? Mulher nenhuma no mundo nasceu sem a participação de um homem. Todas nós tivemos um pai. Mesmo que esse pai tenha sido ausente, houve a participação de um homem ao qual nós todas devemos a própria vida.

E vamos além. O que vou dizer agora pode surpreender muita gente, justamente por nunca terem parado para refletir sobre isso. A verdade é que precisamos dos homens desde a concepção e em todos os momentos da nossa vida. Quer uma prova simples disso? Quando uma mulher é abordada de maneira invasiva ou desrespeitosa por um grupo de homens, qual é a primeira coisa que ela costuma dizer? "Eu tenho namorado". Muitas vezes, nem está em um relacionamento, mas recorre a essa frase instintivamente. Isso mostra que, no fundo, toda mulher sabe que a presença, ou mesmo a ideia, de outro homem é capaz de conter aquela situação. Concorda?

E outra: você já viu locais cheios de seguranças mulheres, armadas e responsáveis pela ordem? A verdade é que, na maioria, a segurança e a estabilidade social são mantidas por homens. São eles que, historicamente e ainda hoje, assumem o papel de proteger e garantir que possamos circular com liberdade. No fim das contas, são os homens de bem que nos protegem daqueles que não são. Sim ou não?

São homens que constroem casas, estradas, toda a infraestrutura que leva higiene, saneamento básico, energia elétrica e conectividade para toda a população. São também os homens que, na maioria, conduzem os grandes avanços tecnológicos desde que a tecnologia era "uma engrenagem e uma roda" até os tempos atuais, em que tecnologia é representada por um smartphone capaz de reproduzir conteúdo em uma rede social.

Sim, nós precisamos dos homens todos os dias da nossa vida. Quanto antes você reconhecer a importância do papel masculino na sua vida e na sociedade, mais fácil será entender o seu próprio papel e se reconectar com a sua própria identidade.

Um homem tem que me aceitar como eu sou!

A pergunta sincera que faço aqui é: você aceitaria qualquer homem? Você aceitaria que qualquer um, independentemente de hábitos e posturas na vida, frequentasse a sua residência e estivesse presente na vida dos seus filhos? Então, não parece um tanto soberbo se colocar em uma posição em que você, por ser mulher, tem poder de escolha, porém o outro, por ser homem, não tem esse poder?

Vamos relembrar: toda mulher busca um homem pelos benefícios que ele pode oferecer à vida dela. Sabendo disso, por que um homem deveria agir de modo diferente? A maioria dos homens reconhece que existem mulheres que trazem mais problemas do que soluções e, em geral, quem vive repetindo essa ideia ao longo dos anos é justamente quem carrega uma longa lista de complicações que acaba transferindo para a vida dele.

Para que fique bem claro:

- Homem nenhum é obrigado a lidar com a sua lista de traumas de relacionamentos antigos.
- Homem nenhum é obrigado a lidar com a sua relação mal resolvida com o seu pai.
- Homem nenhum é obrigado a lidar com a sua personalidade forte ou com atitudes sem sentido.
- Homem nenhum é obrigado a lidar com os seus maus hábitos e a sua moral duvidosa.

Mas, em certo momento, algum homem pode escolher aceitar e lidar com as suas circunstâncias. E é exatamente essa escolha que costumamos chamar de amor.

Percebe como essa mentira, repetida tantas vezes e até naturalizada, acaba afastando a mulher da melhor versão dela? Quando ela acredita, de verdade, que o outro tem a obrigação de aceitá-la como é, dificilmente sentirá motivação para mudar ou evoluir, afinal, nem ela mesma reconhece que precisa melhorar.

O meu trabalho nunca vai me abandonar; um marido, sim.

Essa frase é a maior prova de que uma mentira repetida muitas vezes entra na nossa cabeça sem questionamento. A comparação é simplesmente inválida, afinal trabalho e relacionamento são áreas distintas da vida. É como comparar uma banana com um vestido. Não faz qualquer sentido, não é? Trabalho é trabalho, relacionamento é relacionamento.

Vamos refletir um pouco mais a fundo. Se analisarmos a essência dessa frase, perceberemos que ela é uma mentira desde a própria ideia que tenta transmitir. Não importa se você é servidora pública, funcionária ou empreendedora: no mundo do trabalho, não há verdadeira estabilidade. Quer exemplos? De quantas servidoras públicas você já ouviu falar que tiveram salários atrasados pelo governo? Quantas outras mulheres foram demitidas? Ou, ainda, quantas enfrentaram dificuldades nos próprios negócios e ficaram sem renda? A verdade é que o trabalho não oferece nenhuma estabilidade ou segurança real. Essa mentira serve apenas como uma fuga da realidade, repetida para afastar a mulher da verdadeira função dela, daquilo que realmente a satisfaz, e a manter em um ciclo constante de trabalho exaustivo e estressante.

Posso afirmar com conhecimento que o que preenche de verdade a vida de uma mulher não são as conquistas profissionais. Toda mulher que já obteve um pouquinho de sucesso no trabalho sabe disso. Eu falo com propriedade, como empresária, como mulher que se tornou milionária aos 24 anos: eu nem mesmo sei o dia em que fiz o meu primeiro milhão. Não me lembro da data em que abri a minha primeira empresa, mas cada detalhe do primeiro encontro com o meu marido está gravado na minha memória. Cada momento dos primeiros dias com a minha filha é guardado com muito carinho. E, sem dúvida, trocaria todo o sucesso profissional que conquistei para viver esses dias novamente.

Eu faço as coisas por mim, me visto como quero, me maquio como gosto. Não faço nada para agradar aos outros.

Essa vem principalmente dos intelectuais e acadêmicos e foi repetida por várias celebridades em todas as áreas e disseminada por inúmeros movimentos sociais. Eu sei que você fala isso porque, em todo lugar, vivem dizendo que você deve ter amor-próprio, se colocar sempre em primeiro lugar e, principalmente, não se importar com a opinião dos outros. Mas é importante entender que isso nem sempre é autenticidade; às vezes, é apenas egoísmo disfarçado.

Uma pessoa egoísta deixa claro quais são as prioridades dela. Deixa claro que nunca vai realmente se dedicar ou dar de si pelo outro. É exatamente assim, na mesma medida, que uma pessoa egoísta é tratada. As pessoas a usam enquanto ela é útil e a descartam quando deixa de ser, porque é isso que ela faz quando age guiada por esse tipo de pensamento.

A pessoa egoísta ressalta o tempo todo que vive para satisfazer somente às próprias vontades e necessidades, e todos ao redor entendem que serão deixados de lado toda vez que a vontade dela for maior que a necessidade do outro. Isso é triste, porque, com essa mentira, a mulher vai se enganando, acreditando que está melhor a cada dia. Porém, na verdade, está criando um caminho solitário, e as únicas pessoas que ficam por perto estão ali por interesse: ou é por algum tipo de benefício próprio, ou é pelo sexo, por algum acesso ou prioridade pessoal.

Falando de maneira bem clara: uma mulher egoísta atrai pessoas tão egoístas quanto ela.

Eu não me vejo cuidando de crianças, de marido ou de qualquer outra pessoa. Acho que isso atrapalha os meus objetivos.

Se você pensa assim, tudo bem. Ninguém pode obrigar você a assumir um papel que não quer desempenhar. Mas é preciso encarar uma consequência óbvia: quem não cuida de ninguém acaba sem ninguém. Sem família, sem vínculos, sem amigos de verdade por perto.

Se você ama as coisas, e não as pessoas, acaba ficando cheia de coisas, mas sem pessoas por perto. Isso é bem triste, pois ao final da vida ninguém dá tanta importância a uma viagem que fez ou a um carro ou apartamento que teve. Depois de certa idade, tanto faz o número de diplomas que você tem ou qual é a sua profissão. A única coisa que realmente importa depois de um tempo são as pessoas que você toca.

No fim das contas, o que mais importa é quanto você se doa para as pessoas. E é exatamente por isso que coisas, objetos e conquistas, por si só, não realizam uma mulher. O que verdadeiramente preenche uma mulher é amar e ser amada. E não existe ambiente mais propício para isso do que a família, aquela que você constrói pouco a pouco a partir de uma união com outra pessoa.

Se os homens podem fazer uma coisa, então eu também posso.

Poder, você pode tudo, mas isso não quer dizer que seja o melhor a fazer nem o que as pessoas precisam que você faça. Talvez meia dúzia de amigas achem você incrível porque você consegue virar um copão de meio litro de cerveja ou ainda algum menino sempre venha cheio de cantadas dizendo que "adora mulher poderosa e cheia de atitude", mas isso é só um reflexo do tipo de pessoa que você vem atraindo para a sua vida.

O tipo de homem que admira a mulher que faz "as mesmas coisas que os homens" é exatamente aquele que não está disposto a fazer o papel dele, por isso escolhe essa mulher, para que ele não precise fazer nada. É muito cômodo, não é? Preste muita atenção nisto: se o homem a admira porque você é superguerreira, batalhadora, ganha melhor que ele, isso é um péssimo sinal. É sinal de que ele não está disposto a carregar o peso da vida por uma mulher. Isso é grave.

O que um homem maduro, masculino, um homem de verdade ama e admira em uma mulher é exatamente a condição dela de mulher: de alguém que é e faz coisas que ele e os amigos não fazem e não são. Não há nada de bom em ser "a brother" ou "a parceira" dos homens. Esse não é o lugar certo para uma mulher ocupar. É claro que você pode fazer tudo que um homem faz, mas isso não a torna melhor. Na verdade, muitas vezes, acaba sendo apenas mais uma tarefa acumulada que pode sobrecarregá-la.

Por conta da natureza masculina, há coisas que eles provavelmente fazem com mais facilidade ou eficiência. Por outro lado, existem áreas em que só a mulher consegue se destacar e ter excelência. É justamente nesse espaço, onde a sua essência se manifesta com mais força, que você encontra mais utilidade, mais felicidade e se torna a sua melhor versão. Compreende?

Eu não sou obrigada a ficar cuidando de uma casa.

Realmente, você não é. Você pode, sim, escolher viver como uma nômade, em um lugar desorganizado e até mesmo sujo. São escolhas possíveis. Também pode morar em uma casa que é sua no papel, mas que não carrega a sua identidade, sem o seu toque, sem a sua personalidade, que nunca se tornou, de fato, um lar. Mas é importante entender a consequência disso: sem esse sentimento de acolhimento, você nunca terá um lugar para o qual você e a sua família realmente queiram voltar.

Você já ouviu aquelas histórias de homens que ficam no trabalho até tarde? Ou que vão para o bar depois do trabalho todos os dias? Pense: qual pessoa em sã consciência prefere ficar no trabalho a voltar para um ambiente agradável, amável e aconchegante? Com certeza, nenhuma.

A mulher não cuida da casa porque é obrigada, e sim porque só ela é capaz de criar um ambiente para onde os filhos queiram voltar, para onde o marido queira voltar e onde sinta vontade de estar sempre. Somente uma boa mulher é capaz de criar um ambiente que atrai as pessoas de volta todos os dias, e não um ambiente que repele e faz a rua, ou qualquer outro lugar, parecer melhor.

Hoje nós temos voz, podemos trabalhar e lutar pelos nossos direitos. Antigamente as mulheres eram só um acessório.

Esse discurso está diretamente associado a conquistas de movimentos ideológicos e políticos que vêm com todo o apoio de narrativas mentirosas criadas pela mídia, as quais, em alguns pontos, trazem recortes de um pequeno grupo da sociedade e mostram como se aquilo fosse a totalidade ou a única realidade que existiu.

É só perguntar por aí: a sua avó trabalhou, a sua bisavó trabalhou, a sua tataravó trabalhou também, e provavelmente todas as mulheres que vieram antes de você trabalharam em serviços muito mais pesados que o seu. Convenhamos: a ideia de que as mulheres nunca trabalharam ao longo da história é, na melhor das hipóteses, uma simplificação exagerada. Fizeram você acreditar que, em algum momento da história, a mulher era uma escrava dentro da própria casa, como se o marido saísse pela manhã e a deixasse presa o dia inteiro até chegar à noite para a explorar. Isso nunca foi a realidade da maioria. Somente em uma pequena classe da sociedade, muito, muito alta, as mulheres não trabalhavam; fora desse contexto, a mulher sempre precisou trabalhar.

A minha avó teve onze filhos. Ela trabalhava na roça e como faxineira. Aposto que ela queria muito ser "apenas dona de casa", porque, na verdade, isso era um grande privilégio comparado ao trabalho pesado que ela realizava. Eram "apenas donas de casa" as mulheres que viviam na riqueza e tinham tudo sem precisar trabalhar, e também não há nada de ruim nisso.

Antes vem o amor-próprio, cuidar de si mesma e se colocar em primeiro lugar. Só assim você vai ser feliz.

Essa é bem comum, frequentemente repetida nas descrições de fotos do Instagram e músicas sertanejas. Você precisa observar bem quem são as suas referências. Se decidir basear o seu pensamento no modelo mental de mulheres feridas, que estão com a vida completamente desestruturada, não se engane: mais cedo ou mais tarde, você pode acabar exatamente no mesmo lugar. Muitas vezes, quem vive repetindo certas frases amargas é alguém que se entregou a um relacionamento esperando algo em troca, se frustrou por não receber o que esperava e agora usa essas palavras como uma armadura, para se proteger de futuras decepções.

Mas é importante olhar para esse contexto com mais clareza. É preciso entender que fazer as coisas esperando algo em troca é sinal de imaturidade. Uma mulher madura age porque sabe que é o certo. E é justamente ao fazer o que é certo que ela se sente mais plena, feliz e realizada. Nenhum homem se encanta por um coração endurecido pelo orgulho ou pela dor. O que realmente toca um homem é ver uma mulher agindo com bondade, dignidade e autenticidade, dentro daquilo que é natural à essência dela.

A mulher tem que ser empoderada.

Essa é a maior mentira moderna, e eu a deixei por último propositalmente. O que muitos chamam de "mulher empoderada" hoje, na prática, tem se resumido a alguém que coloca a própria vontade acima de tudo e de todos. O verdadeiro nome disso é soberba, orgulho e arrogância. Uma mulher que age assim se torna insuportável: difícil de conviver, difícil de amar. Além disso, é uma grande ilusão, porque sempre haverá alguém mais forte, mais influente ou com mais poder do que você.

O que é, de fato, o poder? O que é poder real, diante da realidade nua e crua? Imagine duas mulheres trancadas em uma sala, sem dinheiro, sem influência, sem nenhum recurso externo. Qual das duas tem mais poder? Essa resposta pode parecer complexa, então mude a pergunta.

Imagine você e um homem, sozinhos, trancados em uma sala. Sem leis, sem polícia, sem câmeras, sem qualquer interferência externa. Quem tem mais poder? A resposta é direta: o homem. Ele é fisicamente mais forte. Ele tem, naturalmente, a capacidade de subjugá-la ou até tirar a sua vida com as próprias mãos. Esse é o poder real. Porque, no fim, o poder verdadeiro não está no dinheiro nem na influência, está na força bruta, na capacidade de impor ou proteger. É por isso que as pessoas mais poderosas do mundo não são apenas as mais ricas ou influentes, e sim aquelas que lideram os exércitos mais letais.

Postar fotos ousadas no Instagram não é poder, é só exposição. Não deixe que uma palavra aparentemente bonita afaste você da realidade. Não deixe que frases soltas, fora de contexto, tirem de você a sua identidade. Você é uma mulher. O seu maior dom e talento é ser uma boa mulher e, para isso, você precisa estar consciente dos seus pensamentos.

Com a mente limpa dessas mentiras, você estará pronta para aplicar o método que vai reconstruir a sua identidade feminina. Vamos juntas!

Uma mulher madura age porque sabe que é o certo. E é justamente ao fazer o que é certo que ela se sente mais plena, feliz e realizada.

A mulher que você nasceu para ser

@nicolefreya_

CAPÍTULO 5

BUSQUE A FELICIDADE, E NÃO APENAS O PRAZER

Existe uma clara distinção entre o que é prazer e o que é felicidade, já que eles levam a caminhos completamente opostos.

Por exemplo: comer um doce gera um pequeno prazer que dura poucos segundos e logo passa. É apenas prazer. Longe de mim condenar o prazer. Não é isso! Entretanto, é importante ter consciência de que, se você buscar cada vez mais prazer imediato, é provável que enfrente problemas. Talvez ganhe peso, desregule a sua mente e o seu corpo. Isso a afasta da felicidade. Por outro lado, se escolher ir à academia em vez de comer o seu doce preferido, pode não sentir o mesmo prazer na hora, mas, com tempo e consistência, esse hábito vai lhe dar um corpo mais bonito e saudável e uma mente mais equilibrada. E isso, sim, a aproxima da verdadeira felicidade.

A felicidade normalmente vem como resultado de um esforço consciente, então requer tempo, constância e responsabilidade. Para chegar aonde você deseja, é preciso vencer desafios e cumprir o que promete a si mesma. Cada vez que você quebra uma promessa pessoal, mesmo sem perceber, também enfraquece a sua autoestima e a sua confiança. E isso afeta outras áreas da sua vida, afastando-a da realidade que você deseja construir.

Os seus recursos revelam as suas verdadeiras prioridades

O caminho bom tem ordem. Nele, as prioridades da vida são claras e existe uma hierarquia correta de valores muito bem definida (trataremos disso em detalhes mais para frente). Se você tiver consciência disso, já estará à frente da maioria das pessoas do mundo, até porque a maioria delas está vivendo uma bagunça completa, em uma vida totalmente desordenada e sem prioridades.

Quando a sua vida está em ordem, você muda o modo como investe os seus recursos mais importantes. Isso porque costumamos depositar os nossos recursos naquilo que consideramos fundamental, naquilo que está na nossa hierarquia mais elevada da vida, certo? No entanto, essa é uma realidade bem distante para a maioria das pessoas.

Vamos fazer um teste rápido: quer saber o que você ama? Descubra em que você gasta o seu tempo. Os seus recursos mais preciosos (tempo, energia e dinheiro) revelam as suas verdadeiras prioridades. À medida que amadurecemos, aprendemos a direcionar esses recursos para o que realmente importa. E tudo começa a ficar mais nítido.

Pense em um homem que passa horas jogando videogame, até de madrugada, todos os dias. Conheço alguns que preferem isso a estar com a namorada, o que deixa evidente onde está a prioridade deles. Basta observar onde a pessoa investe o tempo para entender o que é importante para ela.

E aqui está o ponto-chave: você se torna melhor naquilo em que mais investe tempo. Se investe em algo que a afasta da vida que quer, você vai se tornar excelente... em se sabotar. Por isso, pare e pense: não seria muito mais inteligente investir os seus recursos naquilo que a aproxima da vida que você deseja ter? Quando você faz isso, começa a caminhar, de verdade, na direção certa.

A felicidade está no caminho, não só no destino

A felicidade não é uma foto do Instagram. Não é o "final feliz". Você não pode viver somente em busca de momentos alegres. A felicidade está muito mais relacionada a como você trilha o caminho até os seus objetivos na sua vida diária.

Vou dar um exemplo negativo, para você entender. Muitas pessoas acreditam que só serão felizes quando tiverem certa quantia de dinheiro. Eu pergunto: atingir esse patamar faz alguém feliz? A resposta é: depende. Sabe por quê? Imagine que, para atingir esse objetivo, uma mulher deu golpes e roubou milhares de pessoas. Já outra mulher ajudou milhares de pessoas a terem uma vida mais saudável. Qual das duas você acha que será feliz? Mais do que o número em si, importa o caminho percorrido.

Podemos imaginar que a primeira mulher terá diversos momentos de alegria: vai postar fotos bonitas nas redes sociais, fazer viagens e compras, gastar o dinheiro com roupas caras. Entretanto, viverá consumida pela culpa, sentindo remorso e arrependimento por ter feito escolhas ruins que, de uma maneira ou outra, acabaram prejudicando outras pessoas, então ela precisará de mais e mais dinheiro para tapar esse buraco emocional que ela mesma criou.

Já a outra mulher provavelmente também viverá diversos momentos de alegria, mas não ficará iludida por eles. Viverá sabendo que trilhou um caminho correto, que fez algo bom e recebeu uma recompensa justa em troca daquilo. A grande verdade é que ela saberá que tem a capacidade de fazer ainda mais pelas pessoas e encontrará felicidade crescente no ato de servir e fazer bem à saúde daqueles que atingiu.

Em um exemplo simples, temos duas mulheres com vidas alegres e que bateram a meta financeira que buscavam, mas uma delas tem uma vida desestruturada, enquanto a outra tem uma vida muito mais feliz. Isso prova que a felicidade não está no fim de uma jornada, e sim no percurso. Ela é encontrada dia após dia, quando você anda pelo caminho certo, aquele que você nasceu para trilhar, e faz as coisas que deve fazer ao longo dele.

O seu primeiro propósito veio antes do seu nome: ser mulher

Agora você pode estar se perguntando: "Nic, como eu sei qual é o meu propósito?"; "Como vou saber o que é o certo e o errado?"; "Como vou saber o que nasci para fazer?".

Sophia, minha filha, tem 6 meses enquanto escrevo este livro. Eu não sei se ela nasceu com o conjunto certo de habilidades e atitudes para ser médica, astronauta, professora de balé, mecânica de aviões ou presidente do Brasil. Também não sei quais serão os interesses dela e que tipo de conhecimento e curiosidade ela vai ter na vida, os quais tendem a apontar uma espécie de dom ou futuro profissional para ela. Até hoje, sei muito pouco sobre quem a Sophia realmente é. Mas, mesmo que muitas das respostas só venham com o tempo, há algo que sempre soube: a primeira coisa que soube sobre ela, antes mesmo do nascimento, é que era uma menina.

Isso veio antes de qualquer nome, personalidade ou história. É assim que ser mulher é essencial: é a primeira informação sobre você, antes de tudo. E sabe qual é o seu maior propósito? Ser uma boa mulher. Essa é a coisa certa para a sua vida. É o que você nasceu para ser. Esse é o seu primeiro e maior dom. É o seu primeiro e maior chamado.

Sabe o que isso quer dizer? Que a sua verdadeira felicidade não depende do dia em que você se tornar a mulher dos seus sonhos nem da família perfeita, da conta cheia ou do trabalho ideal. É claro que essas coisas trarão alegrias, mas a felicidade real vem quando você entende o seu verdadeiro propósito: ser uma boa mulher. Isso é o que você deve buscar, onde quer que esteja. A felicidade da mulher está em honrar esse dom, todos os dias, com esforço e dedicação, cumprindo o papel dela no mundo desde o momento em que nasceu.

Eu poderia falar isso de uma dezena ou centena de maneiras, mas existe uma mais adequada e que vai fazê-la entender muito melhor a sua função no mundo – e vou provocá-la a pensar no exato oposto.

O que admiramos nos homens revela a função masculina

Se eu lhe perguntar hoje o que é um "bom homem", provavelmente você responderá algo como: "É um homem trabalhador, honesto, que cuida da família e conduz todos por um caminho correto". Se eu lhe perguntar qual é o tipo de homem que você mais admira, tenho certeza de que você vai responder algo como: "Admiro homens que trabalham duro para prover à família e ajudar os mais pobre. Admiro homens que protegem a mulher, os filhos e as pessoas mais fracas. Admiro homens que têm certo poder, que assumem responsabilidades, lideram as pessoas ao redor, têm atitude firme, são fortes, corajosos e agem com justiça". Se eu lhe perguntar o que você mais espera sentir em uma relação, provavelmente dirá: "Espero me sentir segura e amada em todos os aspectos".

Sabe por que são essas as coisas que você admira e espera de um homem? É simples: essa é a função dele no mundo. O homem recebeu um corpo forte e uma mente focada para trabalhar duro e prover. Ele recebeu um corpo resistente e uma mente alerta para proteger tudo o que é importante. Recebeu um corpo ágil e uma mente sagaz para tomar a frente e liderar a prole. Enquanto enfraquece e cansa uma mulher, o estresse físico e mental capacita o homem para agir ainda mais. Basicamente, ao cumprir o propósito masculino, o homem se realiza e se torna melhor. E é isso que faz você admirar um homem.

Não há como negar: o homem foi preparado para interagir com o mundo externo. Para ir à luta, trabalhar duro a fim de buscar aquilo de que a prole, a tribo ou a família necessitam. Tudo em um homem aponta para enfrentar os desafios do mundo externo e levar para casa o que ele encontrar de melhor no mundo, para fornecer aquilo de que a mulher e os filhos precisam para sobreviver.

Talvez você esteja pensando em homens das cavernas, mas, até pouco tempo atrás, antes de os métodos contraceptivos se tornarem mais confiáveis e populares, todo homem sabia exatamente que era essa a vida que deveria viver. Com exceção de meia dúzia de ideólogas, nenhuma mulher reclamava de ter um homem saindo de casa para trabalhar e trazer o sustento ao lar. Afinal, essa é a função dele.

Nutrir, edificar e embelezar: os três dons da mulher

Por sua vez, a mulher recebeu um corpo delicado e uma mente intuitiva para cuidar e nutrir. A mulher recebeu um coração gentil e uma mente sábia para edificar. A mulher recebeu uma sensibilidade estética para tudo embelezar. Uma mulher feminina é aquela que encarna as qualidades de nutrir, edificar e embelezar; a essência dela não está apenas na beleza externa, mas principalmente na riqueza do caráter e na força do coração. Ela entende que a verdadeira nutrição vai muito além das necessidades materiais, pois envolve nutrir com amor, atenção e cuidado. Nutrir é a base de tudo, porque é impossível edificar alguém malnutrido.

Edificar é ser capaz de conduzir para a virtude, é construir um lar e uma família com valores sólidos, uma estrutura moral forte e tornar tudo o que toca muito melhor com sabedoria, esperança e paciência. Embelezar é muito mais do que decorar o ambiente físico, é criar a atmosfera que conecta todos àquilo que existe de mais essencial, por isso não adianta nada tentar embelezar algo que está podre por dentro.

Um exemplo dessa dinâmica é quando uma mulher reclama que o homem não provê, mas ela mesma não se preocupa em nutrir a relação com amor e cuidado. A mulher feminina entende que o nutrir é a base para um relacionamento saudável e próspero, e que isso faz parte do propósito feminino. Por esse motivo, toma a decisão consciente de agir dessa maneira no relacionamento, afinal sabe que essa é a função dela no mundo.

Quando cada um ocupa o próprio lugar, o amor floresce

Você percebe como, ao agir com dons e cumprir o propósito, a mulher se realiza e se torna muito mais quem nasceu para ser? Percebe que é exatamente o cumprimento do propósito feminino que faz você admirar uma mulher? Quando homem e mulher ocupam os respectivos lugares de maneira correta, o relacionamento tende a funcionar muito bem, pois ambos exercem a real função que lhes cabe.

A felicidade não está no fim de uma jornada, e sim no percurso. Ela é encontrada dia após dia, quando você anda pelo caminho certo, aquele que você nasceu para trilhar, e faz as coisas que deve fazer ao longo dele.

A mulher que você nasceu para ser

@nicolefreya_

CAPÍTULO 6

ASSUMA AS SUAS QUALIDADES DE MULHER FEMININA

Enquanto você nutrir internamente pequenas objeções à sua própria natureza, nunca conseguirá ser quem você realmente nasceu para ser. Quando você age assim, é como se uma parte sua, aquela que ainda tem medo de ser mulher, estivesse na porta, impedindo-a de viver a vida maravilhosa que merece.

A força da receptividade: receber é um poder, e não um problema

Receber é uma das expressões mais poderosas da feminilidade. É no ato de acolher o que a vida oferece, seja um elogio, um gesto de carinho, uma oportunidade ou um presente, que a mulher revela o poder de transformar o que vem de fora em algo novo e ainda mais belo. O corpo da mulher é o primeiro sinal dessa natureza receptiva. Nós recebemos e, ao receber, geramos. Damos forma, damos continuidade, damos vida.

Este é o mistério da receptividade: ela não é omissão, é criação. Ela não enfraquece, ela edifica. Receber é uma forma de fé, de confiança no outro e na vida. Quando se permite receber sem resistência, você abre espaço para que a vida entre e floresça dentro de você.

Infelizmente, muitas mulheres aprenderam a desconfiar desse lugar. Algumas acreditam que, ao receberem algo, precisam dar algo em troca e por isso recusam até mesmo gestos simples de cuidado. Já vi mulheres rejeitarem um jantar pago pelo homem por acreditarem que isso as obriga, de alguma maneira, a oferecer o corpo em troca. Essa mentalidade mercadológica, tão comum nas relações modernas, nos impede de ver o que é, muitas vezes, um gesto de cuidado e gentileza.

Submissão com propósito: quando confiar se torna um ato de sabedoria

A submissão feminina, quando vivida com maturidade e consciência, é um ato de confiança e entrega profunda. Não há nada mais poderoso do que uma mulher que escolhe se render ao amor, à liderança de um homem íntegro, à ordem que constrói uma vida segura. Submeter-se a um homem digno e fiel é uma resposta ao cuidado que ele oferece. É como descansar os ombros depois de carregar o mundo, não porque você não pode continuar sozinha, mas porque escolheu confiar.

Essa entrega não diminui a mulher; ela a liberta da necessidade de controlar tudo. Ela a coloca em um ritmo mais suave e mais verdadeiro. A submissão feminina é como a terra fértil que cede espaço, acolhe, guarda e transforma em vida.

É claro que essa entrega só faz sentido diante de um homem que serve com força, inteligência, caráter e trabalho. A submissão não é uma obrigação, mas uma resposta, e para que aconteça é necessário que a mulher se sinta protegida, segura e respeitada. Ela não se submete por medo, e sim por confiança e entrega total.

Muitas mulheres confundem submissão com anulação. Pensam que ser submissa é não ter voz, não ter opinião, não ter desejos. Outras acreditam que não existem homens capazes de liderá-las, porque só conviveram com homens fracos, emocionalmente imaturos ou omissos. Isso as faz desacreditar da possibilidade de viver uma relação em que possam descansar, confiar e florescer. Mas essa realidade existe e é profundamente transformadora.

A beleza como expressão de ordem e acolhimento

A beleza é uma linguagem silenciosa que comunica ordem e cuidado. Não é um capricho, é um lembrete do que é bom. Tudo o que está em ordem se torna mais belo, e tudo que é belo nos convida à paz. Quando uma mulher cultiva a beleza ao redor dela, em si mesma, na casa, no olhar, ela transmite repouso e acolhimento, com uma presença que agrada os sentidos. Ela se torna um lar, mesmo fora de casa.

A beleza é uma extensão do amor. Uma mulher que ama embeleza, coloca flores na mesa, arruma os cabelos, dobra os lençóis com carinho. A beleza feminina é o descanso do mundo, é o lugar para o qual as pessoas voltam para respirar.

Quando um homem masculino busca uma mulher feminina para se casar, ele busca uma mulher que traga paz para a vida dele, que seja um oásis, um descanso no meio do caos e do estresse que é o mundo. Ela é o descanso, a paz, a beleza. Mas, por medo ou má compreensão, algumas mulheres rejeitam a beleza, dizem que ela é fútil ou que é uma imposição social. Defendem que apenas o interior importa, como se não fôssemos também corpo, expressão e presença. Outras acreditam que estar bonita é se curvar a exigências masculinas, quando na verdade é se alinhar com a ordem da criação.

A beleza não foi inventada por revistas de moda, ela foi revelada pela própria natureza. Quanto mais nos aproximamos dela, mais paz levamos ao mundo e às pessoas que mais amamos.

Delicadeza: o refinamento que convida e transforma

A delicadeza é uma das virtudes mais transformadoras da alma feminina. Ela não é fraqueza, é domínio próprio, é o tipo de força interior que não precisa gritar para ser ouvida, que não precisa endurecer para ser respeitada. Uma mulher delicada conquista espaço sem violência, toca o coração dos outros sem pesar. A presença dela acalma, inspira, eleva, convida à virtude. A delicadeza é a arte de dizer a verdade sem ferir, é maturidade disfarçada de leveza.

Ser delicada é ser refinada no falar, no agir, no reagir. É saber que não é preciso brigar para se posicionar nem endurecer para se proteger. A delicadeza não é para quem quer agradar os outros, é para quem tem convicção de que existe uma maneira mais bonita e mais digna de existir.

Infelizmente, muitas mulheres acreditam que precisam ser brutas para sobreviver, que o mundo foi duro demais e por isso elas também precisam ser duras. Confundem delicadeza com submissão cega ou com falta de opinião. A verdade é que qualquer pessoa pode ser ríspida. Ser delicada exige um tipo de força que poucos alcançam, e é justamente por isso que ela é tão respeitada e admirada.

Uma transformação que começa com sinceridade

Eu passei por tudo isso. Também fui dura, agressiva, revoltada com o que chamava de "sistema opressor". Eu achava que precisava ser igual a um homem para ser forte, que precisava me proteger de tudo e de todos; mas essa proteção, com o tempo, virou peso. Eu entendi que não era aquilo que queria ser, então decidi me tornar uma mulher mais feminina. E é isso que proponho a você.

Essas qualidades não são fraquezas, são forças ancestrais, naturais, espirituais. Quando você se reconecta com elas, não se torna menos – se torna ainda mais.

Reconecte-se com a sua essência: um exercício de autoconhecimento

Com tudo isso em mente, é hora de analisar as suas características e encontrar onde estão as melhores. Vamos começar com um exercício simples.

1. Eu sou/faço e quero continuar sendo/fazendo...

Nas linhas a seguir, anote tudo o que você consegue lembrar sobre quem você realmente é e que revela a sua feminilidade. Pense naquilo que a faz se sentir mais mulher, mais conectada com a própria essência. Escreva tudo o que quer preservar e, se possível, desenvolver ainda mais.

Esta é uma forma simples, mas poderosa, de se reconectar com o que há de mais valioso em você.

Exemplos: eu sou acolhedora, paciente e sempre busco cuidar das pessoas que amo. Eu faço questão de cultivar as minhas amizades e quero continuar sendo uma boa amiga para as minhas amigas.

2. Eu sou/faço, mas não quero mais ser/fazer...
Agora, liste todas as características que você reconhece em si mesma, mas que, com tudo o que aprendeu até aqui, percebe que a afastam da sua feminilidade. Pense em atitudes, posturas ou hábitos que a tornaram mais dura, mais controladora ou excessivamente racional, traços que reforçam um lado mais masculino e que você, conscientemente, não quer mais carregar.

O objetivo aqui é ganhar clareza sobre o que precisa ser deixado para trás para que a sua verdadeira essência feminina possa florescer.

Exemplos: eu sou guerreira, durona, brigona, vulgar, mas não quero mais ser.

3. Não sou/faço, mas quero ser/fazer...
Agora, anote todas as coisas que você não é hoje, mas que, se fosse, a tornariam muito mais feminina. Pense em qualidades, comportamentos ou atitudes que você admira em mulheres que expressam bem a essência feminina e que você gostaria de desenvolver em si mesma.

Essa reflexão é um passo importante para se aproximar da mulher que você nasceu para ser.

Exemplos: não sou muito paciente, mas quero aprender a cultivar mais calma no meu dia a dia. Não faço questão de me cuidar como deveria, mas quero priorizar momentos de autocuidado para me sentir mais bonita e confiante.

4. Não sou/faço e quero continuar não sendo/fazendo...
Escreva todas as coisas que você não é, mas que, se fosse, a tornariam menos feminina. Pense em atitudes, comportamentos ou traços

que você sabe que enfraqueceriam a sua essência feminina e a afastariam da mulher que você quer se tornar.

Reconhecer isso a ajuda a saber o que evitar no seu processo de transformação.

Exemplos: não sou nem quero ser rude ou agressiva nas minhas palavras e atitudes. Não sou nem quero ser egoísta a ponto de me esquecer das pessoas que amo.

A ponte entre quem você é e quem pode se tornar

Grande parte de se tornar uma mulher mais feminina é desenvolver habilidades e virtudes que vão levá-la a uma vida completamente nova, melhor e mais digna, e isso vem de você. Nenhum príncipe virá em um cavalo branco para resgatar uma mocinha que não faz nada por si mesma. Nenhum anjo descerá do céu e transformará o seu coração para que a sua vida toda seja transformada. Ninguém vai aparecer e criar uma nova oportunidade para você ser mais útil e bem-sucedida. Você é o maior recurso disponível para mudar a sua vida, os seus resultados e se tornar a mulher mais feliz e feminina que conhece.

Para ajudar, criei uma lista com uma série de habilidades pessoais e virtudes que uma pessoa precisa desenvolver para ter uma vida boa e digna. Muitos dos itens dessa lista você já tem, outros ainda nem sabe que precisa. Há, ainda, vários que você só vai perceber que são importantes daqui a alguns anos. Acesse-a pelo QR code a seguir.

Antes de você se assustar com o tamanho da lista, explico como acredito que ela deve funcionar.

Escolha o que vai transformar a sua vida agora

Ninguém consegue ter foco em mudar e desenvolver dez ou quinze atitudes, habilidades e virtudes diferentes ao mesmo tempo, nem em um mês, nem em seis meses. Cristalizar uma virtude de caráter e desenvolver uma habilidade comportamental muitas vezes leva vários anos, e adquirir uma única habilidade ou virtude como essa transforma completamente a vida.

É importante perceber que, dentro dessas habilidades e virtudes, existem coisas que são completamente opostas às maiores causas dos problemas. Vou dar um exemplo: se você tem sido uma mulher excessivamente focada nos ganhos materiais e financeiros, possivelmente se tornou alguém muito materialista e tem deixado de lado os relacionamentos e a vida espiritual, então provavelmente entendeu que precisa ser mais caridosa, mais leve e ter mais temperança.

Talvez tenha percebido que tem sido uma mulher exigente demais, então se deu conta de que precisa ser mais humilde, mais justa e ter mais empatia com os outros. Se tem vivido uma vida desregrada, com muitos excessos, provavelmente percebeu que precisa se purificar, ter mais temperança e prudência. Se não tem tido o sucesso profissional que sempre almejou, provavelmente precisa desenvolver mais liderança, comunicação e diligência.

Avalie a lista de habilidades e virtudes. Considere os seus maiores defeitos, as suas maiores falhas e as suas maiores omissões. Entre essas, escolha apenas três habilidades ou virtudes que vão impactar mais áreas da vida ao mesmo tempo, que vão resolver as maiores dores agora, que teriam evitado os maiores fracassos até aqui, que mais vão gerar resultados perceptíveis para você mesma.

No próximo capítulo, vamos traçar juntas um plano prático para você dar os seus primeiros passos e colocar o desenvolvimento dessas habilidades e virtudes na sua vida.

CAPÍTULO 7

PRATIQUE O AUTOCUIDADO FEMININO

Eu sei que parece um pouco óbvio dizer que a sua vida hoje é resultado das suas escolhas de ontem e de antes, mas talvez você não tenha dado a devida atenção a isso em detalhes nem prestado atenção ao que significa para o seu futuro. Neste capítulo, vamos tratar de alguns pontos bem importantes, e você terá a oportunidade de refletir sobre como tem escolhido viver os seus dias.

A sua casa reflete as suas escolhas

Começo com uma pergunta honesta: o lugar onde você mora é desorganizado e sem personalidade? Se sim, talvez, ao longo do tempo, você não tenha desenvolvido hábitos que permitissem viver em uma casa organizada e limpa. Porém, esse é o tipo de costume que você precisa desenvolver se quiser ter uma vida mais ordenada.

Outra pergunta: o lugar onde você mora é perigoso? Se sim, provavelmente você só está ali porque não dispõe de recursos suficientes no momento para optar por um local diferente, mais seguro e até mais bonito. Eu sei que pode até parecer que não é uma escolha sua, mas todos os dias você toma uma série de decisões que fazem com que não tenha dinheiro suficiente para se mudar. Quer um exemplo? Quando decide gastar mais do que pode, não tem o hábito de poupar e evita olhar para a sua realidade financeira com responsabilidade, acaba limitando a própria capacidade de prosperar. Além disso, quando escolhe caminhos mais seguros profissionalmente, como evitar aprender a vender ou rejeitar a ideia de empreender, também fecha portas que poderiam multiplicar as suas possibilidades. Eu poderia citar inúmeros outros exemplos, mas o que importa é você saber que todas essas coisas geram um limite de prosperidade que pode viver e limitam as suas escolhas.

Você pode até me dizer que a sua casa é limpa e organizada, talvez até valiosa, digna de capa de revista. Mas, ainda assim, pode estar faltando algo essencial: identidade. Pode ser uma casa bonita, mas sem personalidade, sem a história da sua família nos detalhes, como se qualquer pessoa pudesse morar ali. Sabe quando falta aquele olhar cuidadoso em cada canto? Aquele toque que transforma um espaço em um lar de verdade, onde você ama estar, para onde deseja voltar e que acolhe com carinho quem você ama. Muitas mulheres têm uma casa, mas só uma mulher verdadeiramente feminina é capaz de transformar essa casa em um lar.

Nutrição e saúde também são autocuidado

Não é novidade para ninguém que o nosso corpo e a nossa saúde são resultados diretos daquilo que comemos, certo? A comida é o combustível necessário para rodar a máquina chamada corpo. Se hoje você não está satisfeita com a forma do seu corpo, com a sua disposição e até mesmo com a sua pele, existem grandes chances de isso estar diretamente relacionado com aquilo que você decide comer todos os dias. Sim, novamente, o seu resultado é fruto das suas escolhas.

Quando falamos de alimentação, talvez seja necessário aumentar a ingestão de proteínas para ganhar mais massa muscular, diminuir o açúcar ou as calorias para emagrecer ou, ainda, consumir mais vitaminas para ter mais saúde e disposição no dia a dia. Você provavelmente já sabe de tudo isso. O que falta é transformar esse conhecimento em um plano prático e aplicá-lo todos os dias. Comece o quanto antes a buscar opções saudáveis que sejam realmente gostosas para substituir o que você prefere comer e que não é o mais adequado ou saudável. Porque, se você não gostar do que está comendo, vai acabar desistindo e voltando aos velhos hábitos. Uma mudança duradoura começa com escolhas inteligentes e sustentáveis.

O ser humano é movido por recompensa. Por isso, se você quer substituir certos alimentos, precisa gostar das novas escolhas. Do contrário, não vai conseguir manter o bom hábito. Isso também exige reaprender a nutrir o corpo e educar o paladar, porque o que é gostoso nem sempre faz bem. E todas nós sabemos que sempre há opções melhores.

Uma dica simples e poderosa é parar de seguir, nas redes sociais, perfis cheios de comidas calóricas e começar a acompanhar pessoas que têm o estilo de vida e o corpo que você gostaria de ter. Isso vai influenciar diretamente as suas escolhas no dia a dia.

Se você realmente quer ter um corpo, uma saúde e uma disposição diferentes, busque as informações que ainda lhe faltam. Traga para a própria realidade aquilo que você vê funcionando na vida de outras pessoas, dentro do que é possível e do que você gosta de fazer. Sim, tem como criar uma rotina prazerosa sem dietas malucas ou extremismos. Planeje e execute algo leve, sustentável, que você consiga manter todos os dias. Esta é a ideia: transformar a saúde em um estilo de vida duradouro, não em algo passageiro.

Rodeie-se de pessoas que a puxam para cima

Pare e observe as pessoas ao seu redor. Veja quem elas são, como pensam, quais hábitos têm, quais sonhos cultivam e para onde estão indo. Elas se parecem com você? Têm valores e metas parecidos com os seus? Se hoje a resposta for "não", é porque você está mudando, mas, um dia, essas pessoas refletiram exatamente quem você era. E é por isso que ainda fazem parte da sua vida.

Se você quiser evoluir para um nível muito superior (físico, emocional ou financeiro), talvez precise repensar o seu círculo de amizades, sobretudo se essas pessoas estiverem atrasando você de alguma maneira. Isso não significa cortar laços, mas buscar novas conexões: amizades com pessoas que valorizam o que você valoriza e seguem na mesma direção que você deseja seguir. Estar cercada das pessoas certas encurta o seu caminho. Elas inspiram, puxam você para cima e a ajudam a chegar mais rápido aonde quer chegar.

Se você está indo em uma direção e as pessoas ao seu redor estão indo em outra, isso a atrasa. Querendo ou não, elas se tornam uma âncora para o seu progresso. A verdade é que dá para conhecer muito sobre alguém observando as cinco pessoas com quem ela mais convive. Então, pense com sinceridade: o que as cinco pessoas mais próximas de você dizem sobre quem você é? Elas refletem a sua versão atual ou a versão que você quer se tornar? Agora reflita: não seria mais inteligente se cercar de pessoas que representem o que você deseja ser e aonde quer chegar? É simples, não é?

A autoestima de verdade vem do cuidado real

Outra questão importante é: você está feliz com o modo como se sente em relação a si mesma hoje? Está satisfeita com a sua autoestima? Se a resposta for "sim", eu aposto que é porque, diariamente, você nutre hábitos de autocuidado: cuida da sua pele, do seu cabelo, do seu interior, do seu corpo e da maneira como se veste.

Quando eu falo sobre autoestima, não estou me referindo àquela autoestima superficial, das "empoderadas" que se olham no espelho e se forçam a acreditar em frases como: "Eu sou maravilhosa"; "Eu sou perfeita"; "Eu sou uma deusa". Falo da autoestima genuína, daquela que vem de uma preocupação real com o seu bem-estar, de quem se olha no espelho e se sente realmente feliz com o que vê, e não porque repetiu um milhão de afirmações que não fazem sentido, mas porque se dedicou a cuidar de si mesma. Porque as coisas de que gosta sobre si são reais e tangíveis.

Se você não está feliz, pense:

1. Quais hábitos a fariam atingir essa autoestima dos sonhos?
2. Quais hábitos lhe fazem bem e você está deixando de lado, mas sente que precisa retomar?
3. Qual autocuidado você precisa adicionar à sua rotina diária?

A sua fala também revela quem você é

Um fator que muitas vezes ignoramos, pois achamos que é só um detalhe, mas faz toda a diferença, é a nossa linguagem. Mesmo sem percebermos, o modo como nos comunicamos revela muito sobre quem somos, em que nível estamos e até mesmo qual é o tipo de pessoa que atraímos para a nossa vida.

Quanto mais clara e adequada estiver a sua fala, mais alta será a percepção que as pessoas terão de você. Quanto mais cheio de gírias e palavrões estiver o seu vocabulário, pior será a impressão que você vai causar. Às vezes, não percebemos, mas é importante estarmos atentas ao que dizemos, porque, aos poucos, vamos tomando consciência dos hábitos de fala que não queremos mais carregar.

Ao longo do tempo, quando passamos a observar melhor o que falamos, não prestamos atenção apenas no vocabulário, mas também na intenção por trás das palavras. Uma mulher feminina e madura escolhe as palavras com cuidado. Ela pensa antes de falar e se preocupa com o impacto disso nos outros. Por exemplo, se você percebe que é impulsiva, que fala antes de pensar, anote como meta, na sua lista de aprimoramento, desenvolver a inteligência emocional. Nada deve sair da sua boca sem uma boa intenção.

Cultive repertório e tenha conversas mais profundas

Também é essencial expandir o seu repertório. Em qualquer conversa, é melhor ter temas interessantes a compartilhar do que cair em fofocas sobre conhecidos, celebridades ou comentários maldosos. Talvez você se pergunte: "Nicole, como se desenvolve um repertório?". Bem, você não precisa saber de tudo um pouco. Em vez disso, prefira buscar profundidade nas coisas pelas quais se interessa. Ser rasa em muitos assuntos não chama a atenção, mas quando você fala com propriedade sobre algo, as pessoas param para ouvir. Profundidade é o que torna uma conversa valiosa.

A melhor dica prática que posso dar para melhorar o seu repertório é simples: selecione três assuntos que você quer dominar com mais profundidade ainda neste ano, como etiqueta, perfumaria, culinária, investimentos. Depois, defina como vai se aprofundar neles. Você pode ler livros, fazer cursos, assistir a documentários ou filmes sobre o tema... O importante é ter clareza do que quer aprender e de como vai colocar isso em prática. Conhecimento com propósito transforma.

Movimentos, postura e presença importam

Outro fator importante de mudança e aprimoramento diz respeito à sua postura e movimentação. Isso porque movimentos secos e brutos prejudicam a sua vida, tanto em relacionamentos quanto no ambiente profissional. No amor, a falta de suavidade transmite insegurança, e o seu parceiro deixa de enxergar sensualidade, leveza e autoconfiança em você. No trabalho, uma postura curvada, com olhar sempre para baixo e gestos duros, não passa autoridade nem mostra que você está pronta para crescer e assumir mais responsabilidades.

Imagem pessoal: o que você comunica ao mundo

A primeira impressão que as pessoas têm de você vem da maneira como você se apresenta: as suas roupas, os seus acessórios, o seu cabelo... tudo comunica algo. Por isso, a sua imagem precisa estar alinhada com a maneira como você quer ser vista e, principalmente, como quer ser tratada.

Uma mulher que busca desenvolver a feminilidade e crescer com consciência valoriza os detalhes que podem ser aprimorados, para expressar quem realmente é e transmitir a mensagem que deseja passar. Se a tarefa de se vestir de maneira alinhada com os seus objetivos ainda é um desafio para você, considere investir em uma consultoria de imagem com um profissional qualificado.

Se você sente que a sua imagem nas redes sociais não reflete quem você realmente é, uma boa dica é buscar referências.

Pesquise “feeds organizados” no Pinterest, observe o que chama a sua atenção, o que transmite harmonia e bem-estar. Depois, pense no que você pode ajustar no seu perfil para que ele também comunique essa imagem que você quer passar.

São ações simples mas poderosas que a aproximam da mulher que você quer se tornar. Reflita e comece hoje a construir novos hábitos que a levem ao seu próximo nível.

CAPÍTULO 8

ORGANIZE A SUA VIDA E COLOQUE DEUS ACIMA DE TUDO

A partir de agora, trataremos de ordem.

De maneira bem simples e resumida, colocar a vida em ordem significa colocar cada coisa no devido lugar. Você já entendeu que é uma mulher e que, como tal, ocupa diversos papéis: mãe, namorada ou esposa, profissional, amiga, aluna, filha etc. Enfim, tem vários papéis diante do mundo, da vida e de toda a sua realidade.

Até aqui, acredito que tenha compreendido melhor o valor da feminilidade e as razões por trás disso. Lembra quando falei que todo objeto tem uma forma que revela a função daquilo? Nas criações humanas, primeiro nasce a ideia, e depois os recursos são organizados para torná-la real. É assim que funcionam os projetos: antes de existirem de fato, eles são concebidos na mente. Um arquiteto, por exemplo, não começa uma obra sem antes projetar, calcular e desenhar a planta da casa. Só depois ele dá início à construção.

Assim acontece também com a arte. Um artista visualiza uma obra e a materializa; e, embora a obra contenha muito do artista, ela não se torna o artista, porque é criação dele. Uma casa não se torna o arquiteto, assim como um quadro não se torna o pintor. O mundo é uma criação que vem do Criador, que está além deste mundo, que transcende o mundo. Embora o mundo tenha muito de Deus, ele não é Deus. Da mesma maneira, nós não nos tornamos aquilo que criamos. Toda criação é fruto de uma inteligência externa e superior a ela, por isso entenda que Deus e o ser humano criam, mas essas criações são externas a eles.

Deus está além da criação, e é por isso que Ele sustenta tudo

Estou falando tudo isso porque noto que, entre algumas pessoas, há um entendimento completamente errado de que Deus é o próprio Universo. Vou tentar explicar melhor: Deus precisa estar além da criação para tê-la criado. Ele está em outro patamar de inteligência. Deus está no mundo, mas também o transcende.

Quando observamos estruturas antigas, como as pirâmides do Egito, conseguimos perceber a inteligência envolvida na construção. Sabemos, sem questionar, que algo assim não poderia ter sido feito por um elefante ou uma foca. Do mesmo modo, a complexidade e a ordem do nosso corpo e da natureza também revelam uma inteligência superior, e essa inteligência aponta para a existência e a perfeição de Deus.

Ao analisarmos a realidade com atenção, percebemos que tudo tem propósito e ordem, o que reforça a existência de um Criador. Então, é preciso entender uma frase essencial: "O mundo não é Deus, embora tenha muito de Deus". Essa visão nos faz abandonar a ideia de que Deus é o Universo, e nos leva a compreender que Ele está acima do Universo, como a inteligência que deu origem a tudo.

A nossa relação com Deus é como a de um filho com um pai: nós dependemos d'Ele. E é muito importante entendermos que, mesmo dedicando a vida a servir a Deus, não podemos oferecer nada que já não seja d'Ele. Compreende? A própria oração do Pai-Nosso deixa clara a nossa dependência. Deus está além do mundo, mas também está aqui. E, mais do que isso, Ele criou o mundo e nos criou.

Espiritualidade prática: por onde começar?

Se quisermos, de modo prático, colocar a nossa vida em ordem, precisamos começar pelo princípio essencial: o Criador está acima de tudo. Assim como buscamos honrar os nossos pais, é importante viver de acordo com valores mais elevados, buscando agir com integridade e retidão em respeito a Deus e aos princípios d'Ele. Ele está acima de nós e de todas as coisas. Quando reconhecemos a vida que recebemos por meio dos nossos pais como um presente de Deus, passamos a amá-Lo mais profundamente. Não importa como foi a sua história até aqui: a sua vida veio d'Ele. A espiritualidade prática começa justamente com esse entendimento claro e simples de colocar Deus no lugar mais alto e viver de maneira alinhada a isso.

Existem leis morais universais em padrões de comportamento que se repetem em todas as culturas. Dentro de nós, há um senso moral que nos impulsiona a fazer o certo. Essa consciência é uma forma de manifestação de Deus em nós. Quando agimos mal, sentimos incômodo e culpa; e essa culpa, muitas vezes, nos leva à autopunição ou à autossabotagem. Isso acontece porque, ao violarmos essa lei moral interna, nos afastamos do bem e, por consequência, de Deus.

Acreditar que Deus é apenas a força vital da natureza é confortável, mas muito limitado. A verdadeira espiritualidade envolve ação concreta e impacto positivo na nossa vida, assim como na vida dos outros. Não basta apreciar a beleza da natureza ou realizar rituais religiosos. Devemos buscar retidão nas nossas atitudes, pois viver de maneira ordenada nos aproxima de Deus.

Se você deseja colocar a sua vida em ordem, colocando Deus acima de tudo, me permita listar sete dicas que são adequadas a essa orientação.

1. Tenha uma conduta correta.

Ser reta nas pequenas e grandes escolhas. Isso significa não trapacear, não alimentar fofocas, não agir por orgulho ou vaidade. É tratar os outros com dignidade mesmo quando ninguém está olhando. A retidão nos protege de consequências indesejadas e nos aproxima da vontade de Deus.

2. Pratique a oração.

Reserve um momento fixo do seu dia para conversar com Deus. Não importa se ao acordar, antes de dormir ou no silêncio da tarde. Você pode preparar um pequeno altar em casa, com velas, flores e um livro espiritual. Criar um espaço físico ajuda a condicionar o seu comportamento a esse hábito poderoso.

3. Realize leituras espirituais.
Leia diariamente algo que eleve o seu pensamento, que a faça refletir ou a inspire a viver com mais profundidade. Existem muitos bons livros para trabalharmos as nossas virtudes e nos conectarmos à nossa espiritualidade. Duas páginas por dia devidamente meditadas já são suficientes para plantar verdades eternas no seu coração.

4. Coloque intenção amorosa nas suas ações.
Não faça por fazer. Cozinhe com amor, limpe com gratidão, trabalhe com propósito. A vida se torna um ato de oração quando o amor está presente, mesmo nas tarefas mais simples.

5. Frequente lugares sagrados.
Estar em espaços consagrados, como uma igreja, um santuário, um jardim onde você sente a presença divina, muda a sua frequência interior. Se puder, frequente. O ambiente certo sempre tem o poder de nos elevar e nos curar.

6. Mantenha um diário de autoanálise.
Escreva sobre os seus sentimentos, as suas atitudes, as suas quedas e os seus recomeços. Um diário serve para você iluminar a si mesma e trazer consciência. Quando você se observa com honestidade e humildade, convida Deus a caminhar ao seu lado, mesmo nos trechos mais difíceis da vida.

7. Agradeça a Deus diariamente por vitórias e aprendizados.
Todo dia tem bênçãos, ainda que pequenas. E até as dores carregam lições. A gratidão alinha o seu coração à abundância divina e, quando você aprende a ver a mão de Deus em tudo, para de se sentir sozinha, começa a confiar na vida e se torna imensamente mais feliz.

Colocar a ordem certa na sua vida e Deus em primeiro lugar é apenas o começo de uma jornada que vai muito além de ficar mais bonita, conquistar um marido bem-sucedido, ter sucesso profissional, filhos saudáveis e viajar nas férias. Ao colocar Deus acima de tudo e se dispor a agir corretamente, você se reconecta consigo mesma e com a própria história.

Agir corretamente é o único caminho para se manter livre das culpas e dos pesos de omissões e erros desnecessários. Quando inicia essa jornada, você começa a buscar o bem e desenvolver virtudes. Assume real responsabilidade pela sua vida, deixa de ser conduzida por ideologias, influências externas, e até mesmo desejos que a levariam a fins ruins por puro materialismo e egoísmo.

Quando entendi tudo isso, fui praticamente obrigada a questionar a minha aparência, as minhas roupas e os acessórios que usava. Eu queria estar em ordem, em paz e certa de que a minha imagem estava comunicando a mensagem que eu realmente queria que as pessoas tivessem de mim. Naquela época, eu usava vários piercings (no nariz, no umbigo, nas orelhas) que refletiam as escolhas que eu tinha feito no passado, pela menina que eu era antes. Eles simbolizavam a minha insubordinação, a minha rebeldia e a minha vontade de desafiar a sociedade.

Em determinado momento, tomei a decisão de remover todos os piercings. Foi uma experiência incrível! A sensação que tive ao me ver sem aqueles acessórios, que carregavam um sistema de crenças do qual eu já não fazia parte, foi transformadora. Me senti respeitável e percebi que a minha imagem externa estava finalmente transmitindo paz e ordem. Já estava me sentindo assim internamente e queria que isso se refletisse no que as pessoas viam de fora. Então, a decisão de mudar a minha aparência foi simples e natural.

Depois disso, tomei a decisão de colocar a minha vida financeira em ordem. A partir daquele momento, também ficou mais fácil perceber o lugar de cada pessoa na minha vida. Quando colocamos Deus no centro e começamos a perceber a ordem e a perfeição presentes na criação d'Ele, é fácil entender que não devemos ser a nossa maior prioridade.

A partir dessas atitudes, fica claro que você foi criada com uma forma e um propósito específicos, e que cumprir esse propósito é mais importante do que os seus desejos ou as suas vontades egoístas. Fica evidente que existe uma hierarquia ideal na vida: nos relacionamentos, entre as pessoas e na maneira como você se relaciona com cada uma delas.

Organize a sua vida de fora para dentro

Não se engane pela aparente simplicidade deste capítulo nem pela brevidade da mensagem que compartilho nele com você. Este é o tipo de conteúdo que pode levar anos para ser colocado em prática. E vou além: não será fácil, porque você passou a vida inteira absorvendo informações, ideias e influências que a direcionaram a agir de maneira completamente diferente do que busca agora. Também não será fácil porque você já tem uma história, com desejos e vontades que naturalmente a impulsionam a agir de outros modos.

Ainda assim, posso afirmar que, ao colocar isso em prática por uma semana, você começará a perceber resultados. Quando chegar a um mês, notará uma melhora significativa em todas as áreas da sua vida. Caso se desafie a manter o compromisso por um ano, verá a transformação mais extraordinária acontecer. Se está pronta para se tornar uma mulher dez vezes melhor, dez vezes mais feliz e dez vezes mais feminina, então este capítulo é exatamente o que você precisa.

Até aqui, acredito que você entendeu como colocar a própria vida em ordem em relação a Deus, o seu Criador, que você é pequena diante d'Ele e que Ele é a fonte da vida e do amor de que você necessita. Agora pare para pensar: se você é pequena em relação a Deus, o seu Criador, se de Deus você apenas recebe a vida e o amor, então por que você seria diferente diante dos seus filhos?

Ordem para nutrir e edificar a família

Veja bem, eu não quero criar uma percepção de que você é onipotente em relação aos seus filhos, apenas lembrá-la de que existe uma ordem nessa relação. Na ordem correta, você é grande, e eles são os pequenos. Deles você não recebe, muito menos deve esperar receber... você apenas se doa.

Não há nada mais destruidor para uma criança do que uma mãe ou um pai que se colocam abaixo dos filhos. Uma mãe que se comporta como pequena se torna uma escrava de crianças que ainda não sabem o que é certo ou errado, e isso condena para sempre a formação delas. A mãe é a responsável pela nutrição e edificação das crianças. Então, se você como mãe só faz a vontade delas, se você permite que elas sejam as decisoras, que comandem essa relação, você não estará nutrindo nem edificando ninguém, muito pelo contrário. E isso prejudicará os relacionamentos e condenará o caráter dessas crianças para sempre.

Os filhos necessitam da autoridade dos pais para aprender a lidar com as regras sociais. Sem essa autoridade, eles se tornarão adultos incapazes de enfrentar frustrações, bem como de entender a ordem e a hierarquia das relações humanas, e terão uma visão distorcida de figuras de autoridade. Como resultado, apresentarão dificuldades imensas para se adaptar à realidade, na qual eles não são livres para fazer o que desejam o tempo todo. Para ser uma autoridade na vida dos seus filhos, você precisa entender e assumir o seu papel nessa relação.

Se você tem clareza de que Deus está acima de tudo e os seus filhos estão abaixo de você, fica quase óbvio também que o seu relacionamento, o seu casamento, está entre esses dois níveis. As crianças precisam ver o amor e a congruência entre os pais e se colocar como pequenas diante dos dois para que a própria vida tenha ordem. Somente quando um casal põe a vontade de Deus acima dos próprios desejos egoístas é que consegue, de fato, aceitar a própria natureza.

E aqui cabe ressaltar: viver a feminilidade se torna muito mais fácil quando você coloca Deus acima de tudo e reconhece que o seu marido vem antes dos seus filhos, do seu trabalho e até da sua família de origem (pais, irmãos e demais parentes). Quando você entende isso, passa a aceitar ser protegida, amada, provida e, enfim, conduzida.

Todavia, se você coloca os filhos acima do casamento e tira Deus dessa equação, a sua vida vira uma bagunça. Eu não estou falando sobre dedicação de tempo, muito menos que você deve cuidar do seu marido mais do que cuida das suas crianças. Estou mostrando apenas que o seu marido é um adulto que deve ser priorizado. Entende a diferença?

Hierarquia e propósito: o que vem primeiro na sua vida?

Vamos simplificar: os filhos crescem e vão embora. Quando isso acontecer, o que vai restar serão você e o seu marido – como era antes de as crianças chegarem. Se você colocar os filhos acima de tudo, quando eles se forem pode não sobrar mais nada entre vocês. Esse é um dos maiores erros que um casal pode cometer.

Diante de tudo isso, fica claro: amigos, trabalho e dinheiro estão abaixo na hierarquia de importância. Eles são menos relevantes que Deus, que o seu casamento e que os seus filhos. Esta é a ordem certa: colocar os princípios de Deus no centro da vida, honrar o seu marido acima de todos, se doar aos seus filhos, servir com amor aos amigos e familiares, entender o trabalho como o seu serviço à sociedade e o dinheiro apenas como meio para manter tudo em ordem. Quando essa hierarquia está ajustada, a vida flui em paz.

Talvez você esteja pensando agora: "Mas, Nic, eu ainda não sou casada, ainda não tenho filhos". Tudo bem. Nesse espaço está a sua preparação para uma vida a dois. Nesse espaço está tudo o que você precisa aprender e desenvolver em si mesma enquanto se prepara para viver a vida dos seus sonhos. Enquanto você ainda não tem a sua família, deve investir tempo para aprender o que for preciso para que se torne uma mulher cada vez melhor para ter uma família saudável e em ordem.

Entenda que toda relação envolve hierarquia, e todo ser humano busca pertencer a algum núcleo. Muitas mulheres que estão solteiras e não conseguem construir um bom relacionamento costumam ter dificuldade nisso. Na tentativa de pertencer, acabam presas à família de origem. É comum ouvirmos: "O meu futuro marido tem que se dar bem com a minha família". Mas o seu futuro marido será a sua nova e única família. A partir do casamento, você começa a sua própria família. Essa é a ordem natural das coisas.

Por isso é tão importante que você desenvolva a sua feminilidade o quanto antes. Esse é o único caminho para atrair um homem que esteja pronto para liderar uma família, disposto a prover, proteger e conduzir. Um homem que está preso à casa dos pais não está preparado para isso. Ele ainda é, na prática, um menino: alguém ainda provê por ele, o protege e lidera por ele.

E existem mulheres na mesma situação. Se você está presa à família dos seus pais, se está presa de alguma forma à sua mãe, é porque, em essência, alguém ainda nutre por você, edifica por você, embeleza por você. Quando você quer construir a própria família, precisa, sim, colocar Deus acima de tudo, para se nutrir do amor infinito que só Ele pode dar, e então tornar a busca por ser uma boa esposa e mãe de família uma prioridade na sua vida.

Para tanto, você vai precisar desenvolver habilidades, criar hábitos e aprender a cuidar de si mesma. Afinal, como vai nutrir uma família se não consegue nutrir a si mesma? Como vai edificar um lar se não é capaz de se edificar primeiro? Como vai embelezar a vida do seu marido e dos seus filhos se nem a sua você consegue organizar? Antes de abrir espaço para alguém entrar na sua vida, é necessário fazer o trabalho interno – e isso exige esforço.

O que a maioria das mulheres faz e as mantém solteiras por muito tempo é priorizar o trabalho. Estão focadas em aprender sobre negócios, ganhar dinheiro, ser empoderadas, ser uma "girl boss"... Sem perceber, colocam o trabalho e o dinheiro no lugar onde deveria estar o espaço para construir uma família.

Não estou dizendo que você não deva aprender sobre dinheiro ou negócios, afinal eu mesma sou empresária e amo esses assuntos. Mas, se você quer uma vida realmente próspera e feliz, essa não pode ser a sua prioridade. E isso vale para o grupinho de amigas: se a aprovação delas é mais importante que as suas próprias decisões, você está vivendo para agradar aos outros. Toda mulher já viu alguém desistir de um bom relacionamento só porque as amigas não aprovaram. Estou mentindo?

Duas rotas, uma verdade

Em resumo, é o seguinte:

- As mulheres casadas devem viver guiadas pelo princípio de Deus acima de tudo, priorizar o marido acima de todas as outras pessoas e amar infinitamente os filhos. Essa é a família delas. Somente depois da família é que vêm o trabalho, os amigos e os parentes.
- As mulheres solteiras devem viver para Deus acima de tudo e priorizar a vocação familiar acima de todas as pessoas. No tempo que seria dedicado ao marido e aos filhos, deve priorizar a própria preparação, aprender as habilidades e desenvolver o interior com a feminilidade para que possa, no futuro, ser uma excelente esposa e mãe: bonita, feminina, inteligente, doce, com inteligência emocional e sabedoria para lidar com os desafios do dia a dia. Somente depois disso é que vêm o trabalho, os amigos e os parentes.

Se você inverter a ordem das coisas, vai acabar sabotando a sua vida. Caso coloque a sua família de origem (pais, irmãos e parentes) acima da sua vocação ou do seu casamento, vai permanecer presa a um ambiente do qual já deveria ter saído. Vai continuar vivendo como filha, e não como mulher, esposa ou mãe. Em outras palavras, será vista como uma eterna menininha, alguém com quem não se pode realmente contar.

Caso você decida colocar o seu trabalho acima do seu relacionamento e da sua família, acabará gastando tempo e energia em excesso. Você se tornará uma mulher egoísta, com prioridades erradas e, em certos casos, será incapaz de nutrir o seu marido e os seus filhos com o amor que eles precisam receber. Você vai mantê-los aquém do que eles podem alcançar e, com o tempo, se tornará uma mulher amargurada, alguém com quem ninguém quer conviver.

Se optar por colocar os seus filhos acima do seu marido, eles não respeitarão nem você, nem o seu marido. Terão referências fracas e se tornarão adultos mal preparados para o mundo real. Se você colocar os amigos acima do relacionamento, viverá com múltiplas interferências na sua vida matrimonial. A sua casa se tornará um episódio de reality show, no qual todos opinam sobre tudo, ninguém prospera e, no final, todos brigam constantemente.

Por fim, se você não colocar Deus acima de todas essas coisas, perderá o senso moral que deve conduzi-la a agir da maneira correta com o seu marido, com os seus filhos, no seu trabalho, com as suas amigas e os seus parentes. Viverá sempre arrastando um pouco de culpa pelas falhas e omissões e se tornará uma mulher infeliz.

Tenho certeza de que você não quer nada disso. Embora pareça simples, sei que aplicar esse conceito e viver essa hierarquia corretamente não será fácil. Mas, como já comentei, quando você colocar isso em prática por uma semana, começará a ver alguns resultados. Em um mês, verá uma melhora significativa em todas as áreas. E, após um ano, testemunhará a maior transformação da sua vida.

Se você estiver casada e conseguir conduzir essa mudança de prioridade da maneira correta, verá o seu marido despertar para um novo nível de responsabilidade e masculinidade e conquistar muito mais poder de ação. Verá os seus filhos florescendo em termos de responsabilidade e desenvolvimento e se tornando muito mais capazes de lidar com a realidade. Por fim, verá a sua vida profissional prosperar com muito mais leveza e alegria.

Se você estiver solteira e conseguir conduzir essa mudança de prioridade corretamente, verá a sua feminilidade despertar e se tornará uma mulher muito mais bonita, doce, amável e, o principal: muito mais desejável. Você será o tipo de mulher que um homem de verdade deseja ter ao lado e, com isso, afastará homens imaturos e pouco preparados para assumir uma família. O mais incrível disso tudo será ver a sua vida profissional prosperar como nunca, porque você se tornará quase um ímã para todos os recursos de que você precisa para fazer mais dinheiro e ter muito mais impacto social.

Veja a mulher que você está se tornando

Chegou o momento de você fazer algo único por você mesma! Reserve um lugar tranquilo, onde possa se concentrar e vivenciar esta experiência sem distrações. É essencial que você esteja presente e focada, para que o impacto seja realmente transformador. Se não for possível neste momento, planeje fazer isso nas próximas 24 horas.

Preparei uma atividade de visualização para ajudá-la a elaborar uma imagem clara da mulher que você deseja ser e da vida que você vai se esforçar cada vez mais para construir a partir de agora. Está pronta para começar uma viagem transformadora ao futuro que você deseja criar?

Você será conduzida por uma jornada de relaxamento profundo, até acessar um espaço seguro e simbólico onde tudo é possível. Ali, você verá a sua casa ideal, o seu corpo saudável, a sua rotina plena e o seu lar cheio de vida e beleza. Você vai explorar cada cômodo, cada detalhe, cada sensação.

No fim, você se verá, com clareza, como a mulher que deseja se tornar: confiante, leve, próspera e em paz. Esta experiência vai ajudar a trazer tal visão para o presente, para que possa começar a vivê-la um passo de cada vez.

Está pronta? Então, acesse o link no QR code a seguir e esteja preparada para ser uma nova mulher e construir a sua nova vida!

Avalie a sua vida

Se você chegou até aqui, tenho certeza de que já é uma nova mulher. Certamente está vendo a vida de outra maneira e começou a perceber pequenas mudanças no próprio comportamento. Também é provável que tenha mudado hábitos e tomado decisões importantes, considerando como a sua vida será daqui para frente.

Com base em tudo que já discutimos, você sabe quem é a mulher que está se tornando, quais são os fundamentos e os princípios que uma mulher feminina deve ter e quais ações a farão ser a mulher que você nasceu para ser.

Pense no seguinte: você vai fazer uma viagem. A primeira coisa essencial é saber qual é o destino, para ter clareza de para onde está indo, certo? Aqui está o ponto-chave: não importa quão incrível seja esse destino, se você não souber exatamente onde está agora, não conseguirá sair do lugar e ir até ele. Sem entender o seu ponto de partida, é impossível traçar o caminho certo. Essa lógica vale também para a sua jornada pessoal: para se tornar a mulher que deseja ser, você precisa, antes de tudo, reconhecer com clareza quem você é hoje.

A maioria das pessoas não falha ao definir sonhos ou escolher o destino da viagem. Afinal, qualquer um pode parar por um momento e dizer o que deseja para si mesmo, certo? O grande erro está em não saber avaliar com honestidade onde está agora. Muitas pessoas não compreendem bem o ponto de partida da própria vida. Por isso, convido você a olhar para dentro, observar com mais atenção como tem vivido e, principalmente, como tem exercido os seus papéis como mulher.

Este é o momento de parar e observar, com sinceridade, quais são de fato as suas prioridades. É hora de identificar para onde está indo a sua energia e em que você tem colocado a sua atenção no dia a dia. Com essa clareza, será muito mais fácil enxergar o que precisa ser ajustado e quais rotinas você deve estabelecer na sua nova fase para garantir que esteja no caminho certo, em direção à vida com a qual você sonha e à mulher que deseja se tornar.

Para auxiliar nesse processo, use a roda da feminilidade a seguir. Ela já está dividida em áreas essenciais da vida feminina: Deus, marido, filhos, trabalho, amigos, parentes e você.

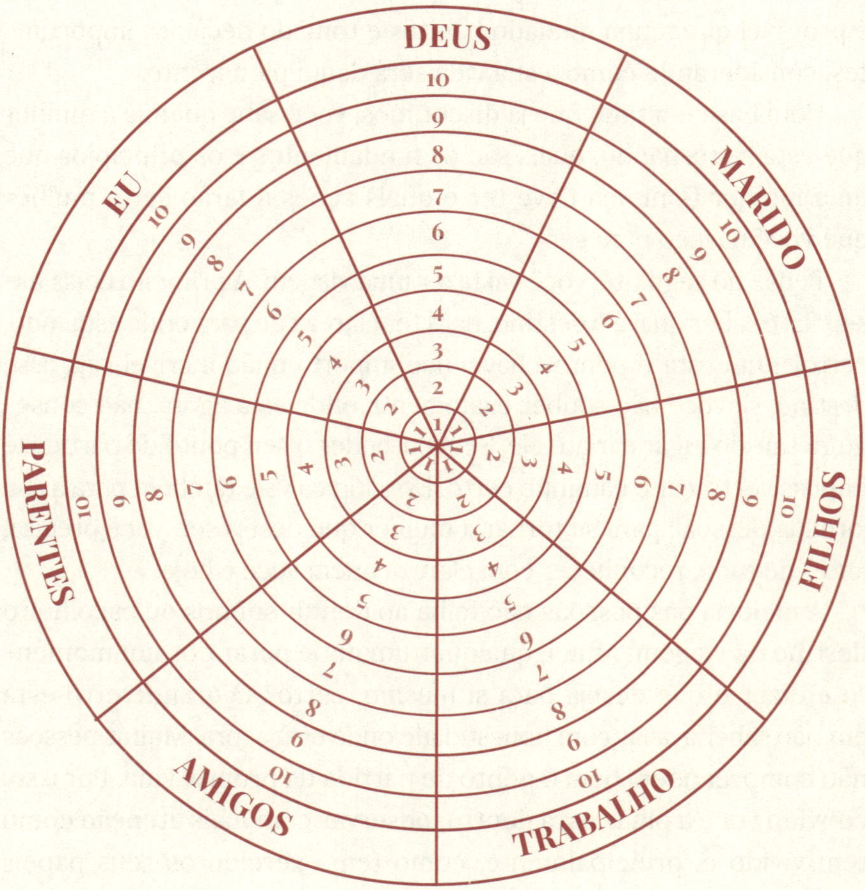

Agora, respire fundo, pegue uma caneta ou um lápis e avalie, de 1 a 10, quanto você tem se dedicado a cada uma dessas áreas. Quanto mais perto do centro, menor é o seu nível de presença e atenção; quanto mais próximo da borda, maiores são o seu envolvimento e a sua entrega.

Se preferir fazer o exercício de forma digital, também deixei uma versão online disponível no QR code a seguir.

Em cada área essencial da vida, você desempenha um papel diferente. Veja a seguir quais funções considerar ao dar uma nota para cada uma delas:

1. Deus: essa divisão do círculo representa o papel que você, como criatura, ser humano e mulher, tem diante de Deus. Pode ser que você se veja como "filha de Deus" ou "cristã", então avalie a maneira como você melhor se identifica diante do seu Criador.
2. Marido: se você ainda não for casada ou mesmo se for divorciada, considere esse o espaço na sua vida que deve estar disponível para um homem, porque, diante disso, você tem um papel, certo? Talvez hoje seja de esposa ou de futura esposa, caso esteja noiva ou namorando o homem com quem pretende se casar. Se ainda estiver solteira, dê a nota que mais se aproxime do seu papel como futura namorada. O importante aqui é que você pense no papel que ocupa hoje diante do seu marido ou do marido que você terá no futuro.
3. Filhos: este é o momento certo para você entender que esse espaço está ali para ser preenchido por algo específico que necessite da sua nutrição e edificação também: um projeto, uma missão. O importante é entender o seu papel diante dos seus filhos ou futuros filhos: Caso ainda não tenha filhos, é o momento de perceber que cada uma das suas ações de hoje vai impactar a

vida dos seus futuros filhos. É hora de olhar para isso, entender quanto você pode se desenvolver e melhorar para ser uma boa mãe e um bom exemplo para os seus filhos.

4. Trabalho: qual é o papel que você ocupa em relação ao trabalho? Empreendedora, médica, advogada, influenciadora, colaboradora em alguma empresa? Ou o seu papel é de uma estudante se preparando para se tornar uma boa profissional no futuro? Pode ser que você me diga: "Nic, eu decidi parar de trabalhar para me dedicar à minha família". Então considere o trabalho de acordo com a utilidade social dele. Mesmo que você decida largar a sua profissão, é importante entender, na sua dedicação à casa, aos filhos, à comunidade, quanto consegue fazer esse trabalho impactar o mundo ao seu redor, entende?

5. Amigos: não importa se você tem cinquenta, dez ou dois amigos, o foco é pensar no papel que você representa para essas pessoas que você escolheu manter na sua vida. Amizades precisam de nutrição e tempo, então você precisa pensar em como está o equilíbrio dessas relações e quanto você tem se esforçado para desempenhar bem esse papel.

6. Parentes: aqui está o seu papel de filha, irmã, sobrinha, neta e assim por diante. Talvez você seja sozinha, não tenha mais ninguém. Eu entendo isso, mas sei também que, antes de você, existiu uma ancestralidade que carregou e construiu muito do que você é hoje, então é preciso deixar um espaço para honrar e ser grata a todas essas pessoas, inclusive o seu pai e a sua mãe, que deram a vida a você.

Atribua as notas para o momento em que você se encontra em cada uma dessas áreas. É bem provável que a roda fique irregular e que em alguns papéis as suas notas sejam 8, 9 ou 10; em outros, talvez 3, 4 ou 5. Tudo bem. É justamente essa diferença que queremos visualizar com clareza. Não há motivo para vergonha. Quanto mais sincera você for neste momento, mais valiosa será a sua reflexão. Muitas vezes, é só quando refletimos sobre os papéis que assumimos, damos notas reais e analisamos o nosso gráfico que conseguimos enxergar com clareza para onde estão indo a nossa energia, a nossa atenção e o nosso foco.

Quando olhamos o gráfico, fica muito claro que existem alguns papéis que são muito mais importantes que outros. O seu papel diante de Deus e diante do seu futuro marido é, sim, prioridade em relação ao papel que você desempenha em relação às suas amigas. O objetivo aqui é que você faça uma comparação dessas notas. Faça uma análise profunda agora da nota que você atribuiu a cada um desses papéis e tente perceber quanto isso está certo ou errado de acordo com tudo o que aprendeu neste livro.

Agora olhe bem para o seu gráfico e responda sinceramente:

1. Para onde está indo a sua energia?
2. Qual tem sido a sua verdadeira prioridade?
3. Onde você tem se omitido?
4. Qual papel precisa de mais atenção e você não está dando?
5. Qual papel você precisa priorizar com urgência?
6. Em qual papel você precisa diminuir um pouco a atenção?

Perceba que cada um desses papéis ocupa um lugar específico na sua vida e que é preciso equilíbrio entre eles para que tudo flua bem. Se você conseguiu visualizar isso, então o objetivo desse exercício foi alcançado.

CAPÍTULO 9

A SUA JORNADA DAQUI EM DIANTE

Até aqui, você passou por um processo profundo: compreendeu melhor o mundo ao seu redor, conheceu mais de si mesma, acessou a sua verdadeira essência e curou muitas feridas. Também reconheceu as suas responsabilidades no dia a dia, refletiu sobre o que não aceita mais na própria vida e identificou o que deseja buscar e, acima de tudo, quem precisa se tornar para alcançar tudo isso.

Esse caminho serviu para trazer clareza: sobre onde você realmente está, quem você é, quais são as suas decisões, os seus papéis e a direção que deseja seguir. É essa clareza que vai gerar o sentimento de paz e certeza que você deve notar agora, como fruto da sua transformação e do despertar da sua feminilidade.

Agora você sabe o que a estava travando, como resolver e para onde ir. Você não está mais perdida. E, principalmente, não está mais sozinha. Este capítulo marca a sua próxima etapa: é hora de entrar em movimento. Você vai entender o caminho que precisa seguir e como começar a trilhá-lo.

As coisas que realmente têm valor exigem esforço, foco, consistência e, sobretudo, tempo. Você não enriquece do dia para a noite, não emagrece do dia para a noite, não constrói uma família do dia para a noite. Essa ideia é uma ilusão. Por isso, a partir de agora, vamos fazer do jeito certo: com paciência, consciência e um passo de cada vez.

Passo 1: defina os seus objetivos com clareza

Vamos começar definindo aquilo que você realmente quer para a sua vida, os seus reais objetivos, aqueles que dão a direção de tudo.

Exemplo: ter uma família feliz, ter um corpo bonito e saudável, se tornar uma mulher rica. Peço que se dedique ao máximo e pense no melhor que pode fazer, no que realmente deseja e pode conquistar.

Muitas vezes, superestimamos o que podemos alcançar em três meses, mas subestimamos o que conseguimos realizar em três anos. Em 2019, eu trabalhava na recepção de um hostel e comia tapioca em todas as refeições, porque era o único alimento que eu podia comprar. De lá para cá, escrevi livros, criei dezenas de cursos e, até agora, ensinei mais de 100 mil alunas. Fundei a maior escola de feminilidade do mundo, me tornei uma mulher rica, estou muito mais bonita, construí uma empresa, uma família e tive uma filha. O mais incrível de tudo é que grande parte dessas conquistas aconteceu em menos de três anos.

Sabe o que eu tinha antes disso? Uma conta no Instagram com 4 mil seguidores e um celular com a tela quebrada. Mas sabe o que eu também tinha? Objetivos claros e bem-definidos! Eu sabia que me tornaria uma mulher rica ajudando outras mulheres a viverem melhor, compreendendo que a feminilidade e uma vida em sintonia com a nossa essência são o que nos permite ser verdadeiramente felizes.

A seguir, você encontrará alguns tópicos sobre os quais deve refletir. Analise com calma e escreva os seus três principais objetivos em cada área. Defina apenas três, aqueles que impactam a sua vida como um todo ou pelo menos algumas áreas dela.

- Quais são os seus verdadeiros objetivos?

- Quais são as melhores coisas que você quer...
  ◊ no seu trabalho?

____

____

____

____

____

____

◊ na sua vida financeira?

____

____

____

____

____

____

◊ na sua saúde?

____

____

____

____

____

____

◊ no seu relacionamento?

◊ na sua espiritualidade?

Passo 2: transforme sonhos em metas reais

Os seus três principais objetivos foram definidos? Ótimo. Agora é importante entender uma diferença essencial: ter objetivos que guiam a sua vida é diferente de ter metas. Objetivos são amplos, enquanto metas são específicas e mensuráveis. Por exemplo, se o seu objetivo é "ter uma família feliz", uma meta correspondente pode ser "se casar com um bom homem até dezembro de 2026".

Metas são resultados que você pode quantificar, então elas precisam ser claras, possíveis de alcançar e ter um prazo definido. Se você não enxerga a meta como algo viável, é muito provável que desista no meio do caminho. Uma meta eficaz é aquela que atende a três critérios: 1) é específica; 2) tem uma medida; e 3) tem um prazo. Somente assim você consegue acompanhar o progresso e saber se está, de fato, se aproximando dela.

Por exemplo: se o seu objetivo é "ficar rica", uma meta possível é "lucrar 1 milhão de reais até dezembro de 2026". Agora, pense comigo: lucrar 1 milhão de reais faz de você uma mulher rica? Talvez não, mas certamente a coloca no caminho. A diferença é que essa meta não é mais vaga, já que ela tem um valor definido (1 milhão de reais), um prazo (dezembro de 2026) e uma forma específica (lucro). Quando você define metas com esses critérios, consegue acompanhar o seu progresso ao longo do tempo, observando quanto está lucrando e quanto falta para alcançar o objetivo. Isso é muito mais eficiente do que apenas dizer "quero ficar rica", que é genérico e difícil de medir. Consegue perceber a diferença?

Por isso, agora é hora de definir cinco metas claras, que devem ser específicas, quantificáveis, atingíveis e ter um prazo definido dentro dos próximos doze meses. Mas atenção: não estamos falando de cinco metas para cada objetivo. São apenas cinco grandes metas que realmente vão aproximá-la dos seus objetivos principais, aquelas que colocam você no caminho certo para alcançá-los.

Vou citar mais alguns exemplos: se o seu objetivo é "ser magra", uma meta possível é "perder X quilos até janeiro de 2026". Se o objetivo é "largar a CLT e me tornar uma empresária bem-sucedida", a meta pode ser "abrir o meu próprio negócio até abril de 2026". Ficou claro? Seja específica. Defina um número e um prazo final para que a meta possa ser de fato alcançada e acompanhada. É isso que transforma uma intenção vaga em um plano real.

META 1:

____

____

____

META 2:

META 3:

META 4:

META 5:

Passo 3: construa rotinas para chegar lá

Agora preciso ser muito honesta com você, justamente para evitar frustrações: nenhuma dessas metas será alcançada por meio de uma única grande ação. Não é assim que as coisas funcionam. Por exemplo, se o seu objetivo é sair da CLT e abrir um negócio, saiba que isso não acontece da noite para o dia. Será necessário pesquisar o mercado por um tempo, conversar com um profissional de contabilidade, fazer cursos, guardar dinheiro, organizar documentos... é um processo.

O mesmo vale para a sua saúde. Se a meta é perder 10 quilos, isso também não acontece de maneira imediata. Você vai precisar encontrar um nutricionista, seguir uma alimentação orientada, mudar hábitos não só do que come, mas também de quanto e quando come, além de praticar exercícios físicos algumas vezes por semana e monitorar o seu progresso com avaliações periódicas. Grandes conquistas resultam de pequenas ações consistentes.

É fundamental que você entenda que as suas metas não serão alcançadas por uma única ação específica. Elas dependem de hábitos e rotinas que você precisa implementar no dia a dia. São pequenas atitudes que você vai repetir todos os dias, algumas vezes por semana ou até mensalmente e que, ao longo do tempo, vão gerar um grande resultado. É a consistência dessas ações que constrói o caminho até a conquista.

Agora vamos ao exercício prático. Em cada divisão a seguir, escreva a meta específica que definiu antes. A seguir, liste os hábitos e as rotinas que precisará adotar para alcançá-las. Lembre-se: pode haver mais de um hábito diário por meta. Para facilitar, vou apresentar alguns exemplos na sequência.

Rotinas

META 1	META 2	META 3	META 4	META 5

Exemplo 1: você tem uma loja que vende roupas pela internet cujo ticket médio é de 200 reais. Você quer vender 200 mil reais no ano, o que significa que precisa fazer mil vendas no ano, ou seja, três vendas por dia. Então, a sua rotina pode ser falar com trinta clientes por dia via WhatsApp e postar stories cinco vezes por dia, visando bater essa meta mínima de três vendas por dia.

Exemplo 2: você tem um namorado, gosta dele e quer construir uma família. A sua rotina diária pode ser conversar com ele todas as noites após o trabalho, para criar laços, fortalecer vínculos e aprofundar o relacionamento.

Exemplo 3: se você quer emagrecer 10 quilos, a sua rotina diária pode ser subir na balança todos os dias ao acordar, fazer cinco refeições balanceadas por dia e praticar algum exercício diariamente.

Após definir as suas rotinas diárias de cada meta, defina os hábitos e as rotinas semanais que você precisará implementar na sua vida para atingir cada uma das metas definidas e preencha-os a seguir.

Hábitos e rotinas semanais

META 1	META 2	META 3	META 4	META 5

Depois disso, defina os hábitos e as rotinas mensais que você vai implementar na sua vida para atingir cada uma das metas. Exemplo 1: considerando a sua loja que vende roupas pela internet, a sua rotina semanal pode ser avaliar novos produtos para ter uma loja mais atrativa e, toda sexta-feira, verificar como foram as vendas da semana a fim de planejar uma ação de venda para o fim de semana.

Exemplo 2: com o namorado, a sua rotina semanal pode ser sair para jantar toda quarta-feira, passear toda sexta-feira, ir à missa todo domingo.

Exemplo 3: para emagrecer 10 quilos, a sua rotina semanal pode ser tirar uma foto no espelho para avaliar o resultado ou fazer uma corrida todo sábado de manhã para não perder o foco no fim de semana.

Hábitos e rotinas mensais

META 1	META 2	META 3	META 4	META 5

Tire todas as ideias da sua cabeça e coloque-as no papel. Quando você estiver pronta, vamos continuar. Lembre-se de que está planejando a construção da sua nova vida.

Exemplo 1: para a loja online, a sua rotina mensal pode ser fazer o fechamento da contabilidade e um planejamento estratégico de vendas para o próximo mês.

Exemplo 2: com o namorado, a sua rotina mensal pode incluir fazer uma pequena viagem e conhecer um lugar novo com ele, além de visitar os seus sogros.

Exemplo 3: se você quer emagrecer 10 quilos, a sua rotina mensal pode ser ir ao nutricionista e fazer uma avaliação física.

Passo 4: identifique os recursos de que vai precisar

Agora que você já estabeleceu metas, novas rotinas e hábitos, é importante entender algo essencial: muitas pessoas falham mesmo depois disso, porque acreditam que conseguem dar conta de tudo sozinhas. A verdade é que essa maneira de execução raramente funciona. Podemos estudar muito, nos esforçar ao máximo, mas somos limitadas pelas nossas habilidades e pelo nosso tempo – que, como você sabe, é finito.

Pense neste exemplo: uma nutricionista passou anos estudando a fim de criar planos alimentares adequados para diferentes pessoas. Então, é claro que não será assistindo a vídeos no YouTube que você vai dominar tudo sobre alimentação saudável. Você pode, sim, pegar algumas ideias, mas para ter um plano realmente eficaz e personalizado, que funcione para o seu corpo e a ajude a atingir as suas metas, é necessário ter o acompanhamento de um bom profissional. Consegue perceber a diferença?

Este é o momento de voltar algumas páginas, olhar com atenção para as metas que você definiu e as rotinas que estabeleceu, e então anotar quais recursos externos serão necessários para colocar tudo em prática.

Esses recursos podem incluir, por exemplo:

- Coisas que você precisa comprar ou alugar, como equipamentos eletrônicos, materiais diversos, mobília, algum imóvel. Para isso, você precisa planejar o custo, o espaço etc.

- Cursos que você precisa fazer para desenvolver habilidades específicas, incluindo procurar bons mentores, planejar custos, separar tempo, desenvolver rotina.
- Pessoas que você vai consultar por expertise e conhecimento em alguma área específica: médico, esteticista, consultor, terapeuta, mentor etc. Você precisará procurar esse profissional, entender o tipo de trabalho que oferece, os custos, o tempo necessário etc.
- Pessoas que você vai contratar pela habilidade e performance e que podem realizar algo por você, como novos colaboradores para o seu negócio, prestadores de serviço, freelancers etc.

Recursos necesários

META 1	META 2	META 3	META 4	META 5

Planeje, aja e transforme a sua vida

Faça uma análise bem realista desses recursos. Considere os objetivos, as metas e as rotinas, e se pergunte:

- Do que eu preciso para conseguir isso?
- De quem eu preciso para atingir isso?

Alguns exemplos: se quer abrir um negócio, você precisa de um profissional de contabilidade. Se quer começar a atuar no ambiente digital, deve fazer algum curso direcionado para a área. Se quer emagrecer, necessita de acompanhamento de um nutricionista. Se quer fazer exercícios, precisa de uma academia ou de um personal trainer.

Você não é mais a mesma mulher que começou esta leitura. A cada página, você se viu com mais clareza, curou partes esquecidas, despertou a sua feminilidade e reorganizou o seu mundo interior. Agora, ao planejar os seus passos com intenção, você não está apenas desenhando metas, está assumindo o seu lugar como protagonista da sua própria vida. Você está pronta. Pronta para viver com presença, amor, propósito. Pronta para honrar quem você é e o que deseja construir. Que essa nova fase seja o florescer de tudo que você já carrega dentro de si. A jornada continua, mas agora com você muito mais inteira.

Você está pronta!

A mulher que você nasceu para ser

@nicolefreya_

CAPÍTULO 10

VIVENDO A SUA TRANSFORMAÇÃO

Neste momento, você já sabe onde está hoje e aonde quer chegar. Compreendeu os seus principais objetivos, as suas metas maiores, e tem clareza das rotinas e dos recursos necessários para alcançá--los. É bem provável que, agora, você pense: "Tenho muito trabalho pela frente", e isso é ótimo. Significa que você entendeu o que é, de fato, se transformar em uma mulher mais feminina e mudar a sua vida definitivamente.

Você assumiu a responsabilidade pela sua própria realidade. Agora sabe para onde vai e tem clareza dos próximos passos. O mais maravilhoso disso tudo é que você entende que a sua verdadeira felicidade não está apenas no fim da jornada, pois ela não está condicionada somente a essas realizações.

Acredito que você já compreendeu que a verdadeira felicidade está muito mais em ter a certeza de que está seguindo na direção certa e a confiança de que pode contar consigo mesma para trilhar esse caminho. A sua felicidade está no cotidiano, em cada dia em que você faz o que é certo, do jeito certo. E agora você sabe exatamente como fazer isso, de uma maneira mais feminina, leve e cheia de alegria.

Você aprendeu um método comprovado para se tornar uma mulher mais conectada com a sua essência feminina, melhorando diariamente.

O meu objetivo até aqui foi cumprido. Se você não desistir, se continuar, o resultado certamente virá.

A transformação de verdade deixa rastros, não apenas na alma, mas na realidade. Então eu decidi compartilhar com você imagens que falam por si. São 52 histórias entre as milhares que já recebi de mulheres que escolheram viver a feminilidade com coragem, intencionalidade e fé. Essas mulheres aplicaram o que aprenderam, se permitiram ser conduzidas e, por isso, foram encontradas. Cada sorriso, cada aliança, cada abraço nesta galeria representa um "sim" dito primeiro para elas mesmas.

Essas imagens não mostram apenas flores, vestidos, cerimônias e declarações públicas de amor. Elas são o retrato visível de uma ordem interna restaurada. Por trás de cada mão entrelaçada há uma história de cura, decisões difíceis, recomeços conscientes e escolhas diárias de uma nova forma de viver. São testemunhos reais de que, quando a mulher se alinha com a própria essência, o amor deixa de ser um acaso e passa a ser uma consequência natural.

Eu espero que essas fotos não sejam vistas como finais felizes, e sim como começos verdadeiros. Como prova viva de que, quando uma mulher volta para casa, a vida floresce. Desejo que ao olhar cada uma dessas fotos você se permita sonhar de novo, com uma realidade firme, bela e construída com propósito. Que essas histórias inspirem você a continuar a sua jornada, confiando que quando Deus plantou esse desejo no seu coração foi porque Ele já estava preparando os encontros certos para que tudo floresça, no tempo certo, do jeito certo.

A verdadeira espiritualidade envolve ação concreta e impacto positivo na nossa vida, assim como na vida dos outros.

A mulher que você nasceu para ser

@nicolefreya_

Vitória Régia Gomes Souza, 26 anos, de São Paulo (SP) | @vi.regiags

Bárbara Diniz da Silva, 30 anos, de Fortaleza (CE) | @barbaradiniz_bd

Paloma Almeida, 22 anos, de Pau dos Ferros (RN) | @palomaalmeida0

Julia Merigue Ama, 22 anos, de Chiavenna, SO – Itália | @juliamerigueama

Karen Martins, 35 anos,
de Vitória (ES) | @karen_dmv

Ester Jordânia, 23 anos, de Toritama (PE) | @esterjordania_

Luana Siqueira Krejci, 29 anos, de Indaiatuba (SP) | @luanasiqq

Lanna Kevilly Oliveira dos Santos, 20 anos, de Penedo (AL) | @lannakevilly_

Amanda Barbosa, 21 anos, de Angra dos Reis (RJ) | @manda_barbosaaa

Joice Mariana Rodrigues Morais, 31 anos, de Patos (PB) | @joicemarianarm

Maria Gabriela Rocha, 25 anos, do Rio de Janeiro (RJ) | @rochagabriela_

Julia Sena, 30 anos, do Rio de Janeiro (RJ) | @hfbsjulia

Luísa Alves Castelões, 25 anos,
de Belo Horizonte (MG) | @luisaalvesc_

Talyta Cardoso, 24 anos, de Candeias (BA)
@talytacardosoo_

Cristiane Ramos, 30 anos, de Rio Verde (GO)

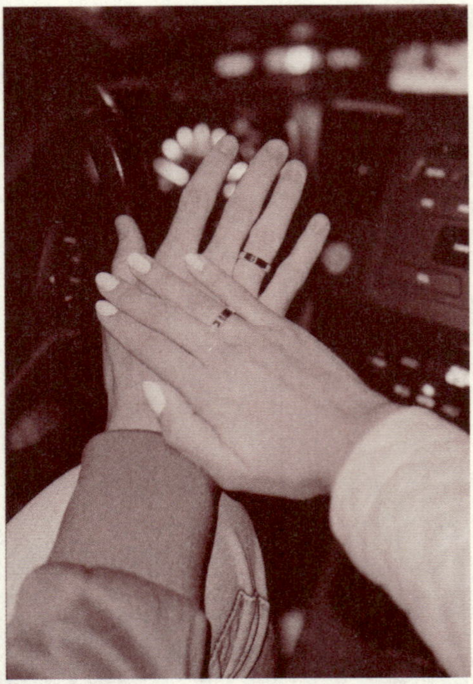

Francielly Checone, 22 anos, de Hortolândia (SP) | @_franciellychecone

Poliane M. Novodvorski, 37 anos, de Zurique – Suíça | @poliane.mariel

Victoria Beatriz Braga, 21 anos, de Brasília (DF) | @victoriatriz

Larissa Andrade, 31 anos, de Recife (PE) | @larissaandrade.vascular

Giana Camila Prada Berto, 37 anos,
de Trombudo Central (SC) | @gianapradaberto

Giselly Inocente, 21 anos, de Curitiba (PR) |
@_gigicaaa

Ingrid Lopes, 28 anos, de Vila Nova do Piauí
(PI) | @ingrid.alopes

Maria Laura, 30 anos, de Marília (SP) |
@marialaurarf

Yasmin Paiva, 26 anos, do Rio de Janeiro (RJ) | @yasdepaiva

Valentina Quadros A. Lima, 26 anos, de Santo Antônio de Jesus (BA) | @valentinaquadross

Barbara Acosta, 30 anos, de Carambei (PR) | @barbaraacostaa_

Paloma Lacerda, 31 anos, de São Paulo (SP)

Ana Carolina de Souza, 26 anos, de Ervalia (MG) | @eucarolsouzas

Beatriz Raposo, 32 anos, de Recife (PE) | @nutribeatriztocchio

Marcella Foratto, 28 anos, de Cáceres (MT) | @marcellaforatto

Ilana Fonteles, 25 anos, de Fortaleza (CE) | @ilana_fonteles

Aline de Sousa Alves, 34 anos, de Belo Horizonte (MG) | @sou_alinealves

Tuanny Santiago de Medeiros, 36 anos, de Niterói (RJ) | @tuannysm

Dianara Gasperin Balsanelli, 29 anos, de Barra Velha (SC) | @tarologadianara

Eliziane de Azevedo, 39 anos, de Laguna (SC) | @lizesouzaoficial

Karina Storelli, 22 anos, de São Paulo (SP) | @kah.storellig

Ana Julia Dias, 28 anos, de Vila Velha (ES) | @anajuliadias.b

Adrielly de Almeida Zuim, 20 anos, de São Paulo (SP) | @adrialmeidaz

Ester Fernandes, 22 anos, de Porto Alegre (RS) | @esteralfernandes

Maria Clara Carvalho Rameiro, 29 anos, do Rio de Janeiro (RJ) | @mariaclararameiro

Carol Araújo, 18 anos, de Campos Gerais (MG)

Kimberly Sousa, 24 anos, de Boa Esperança (MG) | @kimberlydesousaoficial

Bruna Cassimiro, 27 anos, de Belo Horizonte (MG) | @boocassimiro

Camila Gabriela, 26 anos, de Ribeirão Preto (SP) | @cahmilagabriela

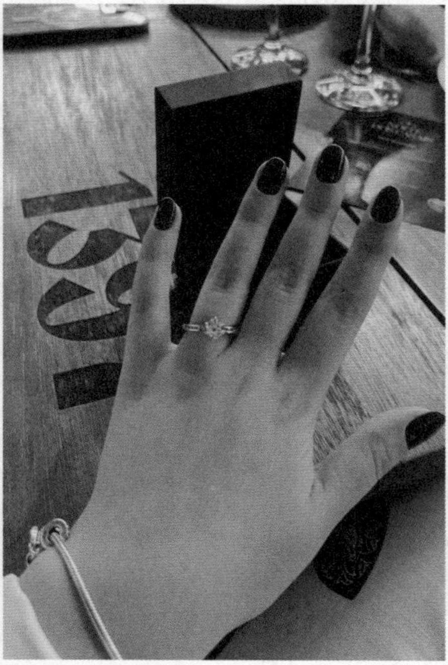

Maria Fernanda Santana Silva, 21 anos, de Tupaciguara (MG) | @zzmafe

Giovana Toso, 35 anos, de Frederico Westphalen (RS) | @giovanaalessitoso

Bianca Mikaela da Cruz Vasco, de 29 anos,
de Barreiras (BA) | @nutribiancavasco

Ana Carolina Barbosa Berté, 27 anos,
do Rio Grande do Sul | @carolsorrisos

Lariza Zimmermann, 22 anos, de Ciudad del
Este, Alto Paraná – Paraguay | @larii_zimm

Luana Ribeiro, 24 anos, de Itu (SP) |
@luanaribeiro_terapias

Thaísa Mello, 30 anos,
de New York City – NY | @thaisamello_

Elisa Pinheiro Moré, 36 anos, de São Paulo
(SP) | @elisapinheiromore

CAPÍTULO 11

A BELEZA DE VIVER EM ORDEM

Você chegou até aqui. E isso, por si só, já é motivo para celebrar.

Ao longo dos últimos capítulos, você se permitiu olhar para dentro, questionar certezas, desconstruir ideias e abrir espaço para uma nova maneira de viver, mais alinhada com a sua verdadeira natureza feminina. Você ouviu verdades difíceis que talvez evitasse há anos, e mesmo assim permaneceu. Isso é coragem. E coragem é o primeiro sinal de uma mulher que está prestes a viver uma realidade completamente diferente.

Sim, é verdade: a jornada não termina aqui. Agora você está preparada para seguir com mais confiança, mais graça e mais leveza. Sabe por quê? Porque você já começou a viver a transformação.

Talvez ainda não esteja tudo perfeito – nem precisa estar. Mas, se você prestou atenção ao longo do caminho, já deve ter notado alguns sinais, como um olhar mais gentil no espelho; uma fala mais firme, porém doce; uma vontade nova de se arrumar, de cuidar do seu espaço, de se cercar de beleza; uma paz que começa a substituir a pressa; uma alegria mais silenciosa, mas mais profunda.

Isso é o começo de uma nova vida. E essa nova vida merece ser celebrada.

O que acontece quando uma mulher volta para casa

Quando uma mulher se reconecta com a própria essência feminina, algo muda. Não só nela, mas ao redor dela. A energia se transforma, a presença se torna mais magnética, a fala ganha mais impacto e o corpo, mais harmonia. Os relacionamentos também ganham mais profundidade.

É como se, depois de anos tentando ser o que o mundo exigia, ela finalmente voltasse para casa. E essa casa é segura, bela, cheia de propósito. Eu vejo isso acontecer todos os dias.

Mulheres que antes viviam em conflito com o próprio corpo e hoje se vestem com orgulho e prazer. Mulheres que pediam atenção e agora são naturalmente notadas. Mulheres que se anulavam para agradar e hoje sabem se posicionar sem perder a doçura. Mulheres que não acreditavam mais no amor e hoje estão noivas, casadas, apaixonadas.

E, talvez o mais bonito: mulheres que não mudaram apenas por fora, mas que se tornaram referência para outras mulheres. Irmãs, amigas, filhas, mães inspirando quem está ao redor sem nem precisarem dizer uma única palavra. Apenas vivendo. Apenas sendo.

A paz de estar no caminho certo

Viver de acordo com a sua essência é viver em ordem. E a ordem traz paz. Não aquela paz que vem da inércia ou da fuga, mas que vem da certeza de estar no caminho certo. A paz de saber que você está alinhada com a mulher que foi criada para ser. A paz de ver, dia após dia, que as suas escolhas estão construindo uma vida com mais sentido.

Ordem também significa clareza. Você começa a saber o que aceita e o que não aceita. O que faz bem e o que precisa deixar para trás. E essa clareza liberta, protege, direciona. Viver a ordem não é viver uma vida engessada ou sem graça. Pelo contrário: é sentir-se segura para ser suave, é ter base para ser flexível e confiar tanto em si mesma que o resto começa a se encaixar.

Quando a vida floresce

A celebração que propomos aqui não é só pelo que você já conquistou, mas por tudo o que está por vir. Pense em tudo que agora está ao seu alcance:

- Um relacionamento saudável, com presença, admiração e compromisso.
- Um estilo de vida em que você se sente bonita todos os dias
- Uma rotina com mais leveza e menos ansiedade.
- Uma confiança que não depende da validação de ninguém.
- Um magnetismo que não se explica, apenas se sente.
- Uma sensação constante de estar viva, presente e no lugar certo.

Você pode estar apenas começando, mas o que já foi despertado dentro de você não volta mais a dormir. Essa nova consciência vai acompanhá-la em cada passo, lembrando-a de quem você é nos momentos em que o mundo tentar distraí-la. Vai fortalecer você quando a dúvida surgir e guiar as suas escolhas mais importantes.

Você não está mais no escuro. Agora você vê, sente e sabe.

A escolha é sua

Este livro termina aqui, mas a sua história continua. E, daqui para frente, você vai escrever capítulos ainda mais bonitos, não porque tudo será perfeito, e sim porque você estará presente, consciente e inteira.

VOCÊ MERECE VIVER O MELHOR.

VOCÊ MERECE SER AMADA, ADMIRADA E VALORIZADA.

VOCÊ MERECE UM RELACIONAMENTO EM QUE POSSA FLORESCER.

VOCÊ MERECE UMA VIDA EM QUE SE SINTA SEGURA PARA SER

QUEM VOCÊ É.

Só que nada disso acontece sem decisão. Por isso, eu a convido agora a fazer uma escolha consciente. Escolha continuar. Escolha crescer. Escolha aplicar, dia após dia, tudo o que você aprendeu.

Escolha voltar para si mesma sempre que se perder. Escolha ser a mulher que você nasceu para ser.

E então celebre. Celebre cada pequeno avanço. Celebre cada queda superada. Celebre cada elogio inesperado. Celebre cada olhar novo que você lança sobre si mesma. Celebre a sua força, a sua feminilidade e a sua verdade.

Você não está sozinha. Você faz parte desse movimento de mulheres que estão despertando e mudando o mundo e as próximas gerações, começando por dentro.

O futuro já começou. E ele está em você.

Você já começou a viver a transformação.

A mulher que você nasceu para ser

@nicolefreya_

Este livro foi impresso pela gráfica Loyola
em papel pólen bold 70 g/m² em setembro de 2025.